ルポ
# 在日外国人

高賛侑
Ko Chanyu

a pilot of wisdom

# まえがき

『扉をたたく人』

主人公は初老の白人大学教授ウォルター。愛妻に先立たれ、仕事の情熱も失った保守的な頑固者である。久々にニューヨークにある別宅に来ると、見知らぬ移民のカップルがいた。それがシリア出身のジャンベ（アフリカン・ドラム）奏者タレクとの出会いだった。

寂しさまぎれにジャンベを習ううちに、心が高揚し友情が芽生える。タレクの仲間らと一緒に公園でジャンベを演奏するシーンの秀逸さ！　だが地下鉄で起きたささいなトラブルで警官にとがめられたとき、タレクは「不法滞在」が発覚して逮捕される。ウォルターは彼を救い出すために必死の努力をするが、法の扉は閉ざされたままだった……。

二〇〇八年にわずか四館で封切られた小規模映画はやがて全米二七〇館にまで拡大上映された（二〇〇九年日本公開）。アメリカが抱える移民問題に一石を投じたテーマがさざ波のごとく胸に迫る。ウォルターを演じたリチャード・ジェンキンスがアカデミー賞主演男優賞にノミネートされるなど各国で絶賛を浴びた。

この作品に描かれた真実は決して対岸の火事ではない。いまや日本の至る所で起きている現実である。

現在、日本には二二二万人の外国人が居住している。かつて在日外国人問題といえば在日韓国・朝鮮人問題とほとんど同義語だった。しかし一九九〇年代以後、中南米の日系人や中国人などが激増し、今後も外国人は着実に増え続けるだろう。

非正規滞在の人々は、いつ逮捕され強制送還されるか知れない恐怖におののきながら日々を送っている。いや、正規滞在の人々も「日本人でない」という理由だけで様々な人権の制約を受けている。

問題の深刻度の差はあれ、ニューカマーもオールドカマーも日本社会の扉をたたき続けている。が、その音は必ずしもマジョリティーの心に届いていない。

在日外国人問題は一〇〇年にわたる歴史があって今日に至っている。そして確実に未来へと継承されていくが、進展する現実に対応すべきシステムが整えられなければ矛盾が広がるばかりである。

扉は内からも外からもたたかれ続けている。その音に真摯《しんし》に耳を傾ければ、ウォルターのように閉ざされた心も開かれていくだろう。国籍や人種・民族の違いを超えて共生する社会の大切さに気付くことだろう。

※表記について
「大韓民国」「朝鮮民主主義人民共和国」「韓国人」「朝鮮人」等の呼称については、原則的に日本での慣例に従って表記しつつ、文意に沿って適宜使い分ける場合もある。人物の肩書きは取材時による。

# 目次

# 第一章　身近な在日外国人

東京大久保・コリアタウン

## 1　国籍を超えて

### ■孫正義の涙

孫正義が涙した。驚異の躍進を遂げるソフトバンクグループの創始者であり、ソフトバンクテレコム株式会社代表取締役社長、福岡ソフトバンクホークスのオーナーなどの肩書きを持ち、世界的経済誌『フォーブス』の世界長者番付二〇〇八年度版で日本人の四位になった男、そして在日韓国人三世として生まれた男である。

ときは一九九六年二月。「日本経済の活性化や国民生活の発展・向上に貢献した経営者」に贈られる毎日経済人賞の受賞スピーチのときだった。

「子供の頃、家は貧しいものでした。近所から残飯を集めて家畜のエサにしておりました。今は亡き祖母が、リヤカーを引っ張って貰《もら》いに行っておりました。ときどき自分をリヤカーに乗せてくれるのですが、残飯がどこかに残っていて、ぬるぬるして気持ちが悪かった。

それが自分の家の貧しさと重なって、そういう生活から抜け出したいと思っておりました。それがいま経済人として社会に認められて……。祖母もがんばっていたのです……。私もがんばって……」(野村進『コリアン世界の旅』講談社)

そこまで語った孫は突然絶句した。八一年に福岡県で株式会社日本ソフトバンクを創業して一五年、栄えある賞を受賞した彼の脳裏には、紆余曲折《うよきょくせつ》の道を駆けてきた歳月が走馬灯のごとくよみがえったことだろう。

五七年、佐賀県鳥栖《とす》市で在日韓国人家庭の次男として生まれた。家族は「安本」という通名を使っていたが、民族差別が厳しかった時代には、韓国人という出自はすぐに周囲に知られる。北九州市に引っ越し、幼稚園に入った頃、友達に後ろから石を投げられ、出血して泣きじゃくった体験は忘れられない心の傷として刻み込まれている。

小学生の頃には、将来教師になりたいという夢を抱いたが、親から「韓国人は日本で教師になれない」と知らされ早くも国籍の壁にぶつかった。

父は正義を名門高校に入学させるため、中学生のときに福岡市に引っ越した。正義は七三年に久留米大学附設高校に合格し、三年後には東大に進学するだろうという期待を担った。ところが一年生の夏休みにアメリカへ一カ月の語学研修留学に参加した体験が、彼に運命的な転機をもたらしたのである。

まずパスポートを入手する時点で、氏名欄には本名を記入しなければならない。彼はそれまで当然のごとく使っていた「安本正義」ではなく、「孫正義《ソンジョンイ》」と書き込んだ。多くの在日韓国・朝鮮人が同じ道を歩むように、彼も自意識の高まる高校生になって民族的アイデンティティの問題に向き合った。

「人種のるつぼ」といわれるアメリカで多種多様な肌の色の人々が共生している状況を体験するなかで、「これまでなんてちっぽけなことで悩んでいたのか。石を投げる人には投げさせておけばいい。その人はその程度の人間なんだ」と感じるようになる。帰国後、両親に「高校を辞めてアメリカに留学したい」と決意を告げた。

中退して渡米後、カリフォルニア州の語学学校に半年間通った後、高校に編入するが、授業が物足りなくて中退し、大学に入学。七七年にカリフォルニア大学バークレー校経済学部に編入した。

二年後、留学生の身でありながら、自らのアイディアに基づいて大学教授や一流技術者に開発させた音声機能付き多言語翻訳機を約一億円でシャープに売り込み、その資金を元手にソフトウェア開発会社を設立した。そして八〇年、大学卒業後に帰国し、福岡でコンピュータ卸売事業の会社を設立した後、八一年に日本ソフトバンクを創業したのである（九〇年にソフトバンク株式会社と商号を変更）。

会社設立時、周囲のだれもが「日本でビジネスを行うなら通名を使うべきだ」といった。だが彼は「子どもの頃、国籍を隠していた後ろめたさを感じ続けていたのが、アメリカに行って孫を名乗り清々《すがすが》しさを感じた。もうかまわないんだ」と本名を貫いた。九一年には日本国籍を取得した。法務局側が執拗《しつよう》に通名で申請するように勧めても、最後まで「孫正義」の表記のまま「そんまさよし」と読むことにこだわった。

周知の通り、ソフトバンクはその後、二〇〇一年にブロードバンド、〇四年に固定電話、〇六年に携帯電話事業に参入し、飛ぶ鳥を落とす勢いで急成長を成し遂げてきた。

同社ホームページの社長挨拶《あいさつ》に彼はこう記したことがある。

「私は、ソフトバンクを、例えば、未来の歴史の教科書に載るような企業にしたいと思っています。……日本の情報革命が他の国よりも一歩でも前に進んだ。その結果、子供たちも大人もみんなの生活が楽しく、豊かなものになった。しかも、それが日本だけではなくて、アメリカでも、中国でも、ヨーロッパでも、世界中で社会にいい影響をもたらした。一〇〇年後の教科書の中で、そういう風に書かれたい。私は真剣にそう思っているのです」

彼の理念には旧時代の枠組みから脱却し、世界や人類全体を視野に入れた創造性が宿っている。理念を貫くために、日本国籍の取得が必要絶対条件だったのかどうかは定かではない。ただ明白なのは、一人の在日韓国人三世の稀有《けう》な才能が日本社会にドラスティックな転換をもたらした事実である。

## ■登録者数二二二万人

法務省によれば、二〇〇八年末現在の外国人登録者数は二二一万七四二六人である。日本の総人口一億二七六九万人に占める割合は一・七四%となり、過去最高を記録した。前年に比べて六万人（三・〇%）、一〇年前に比べると七一万人（四六・六%）の増加である。

外国人登録者の国籍（出身地）数は一九〇。そのうち中国（台湾、香港を含む）が六六万人（全体の二九・六％）でトップを占める。以前は在日外国人の大半を韓国・朝鮮人が占めていたが、九一年に六九万人に達したのをピークに下降し始め、〇七年に二位となり、〇八年には五九万人（二六・六％）にまで減少した。三位のブラジルは、過去九年間増加の一途をたどっていたが、〇八年は一・四％減の三一万人（一四・一％）になった。四位のフィリピンは四・〇％増の二一万人（九・五％）。五位のペルーは一〇年間増え続け、六万人（二・七％）となった。

在留資格別では、「永住者」が九一万人（四一・一％）で、そのうち「一般永住者」（一定の要件を満たして永住許可を受けた外国人）が四九万人（二二・二％）。「特別永住者」（戦前・戦中に朝鮮半島や台湾から移住してきた人々とその子孫で、日本国籍を取得していない人）の大半は韓国・朝鮮人であり、〇八年は四二万人（一九・〇％）となった。

「非永住者」は一三一万人（五八・九％）で、その内訳は「定住者」二六万人（一一・七％）、「日本人の配偶者等」二五万人（一一・一％）、「留学」一四万人（六・二％）、「家族滞在」一一万人（四・九％）、「研修」九万人（三・九％）などとなっている。一方、「不法残留者数」は〇九年一月現在で一一万人となり、前年に比べて二四・五％減少した。

## 国籍（出身地）別外国人登録者数の推移

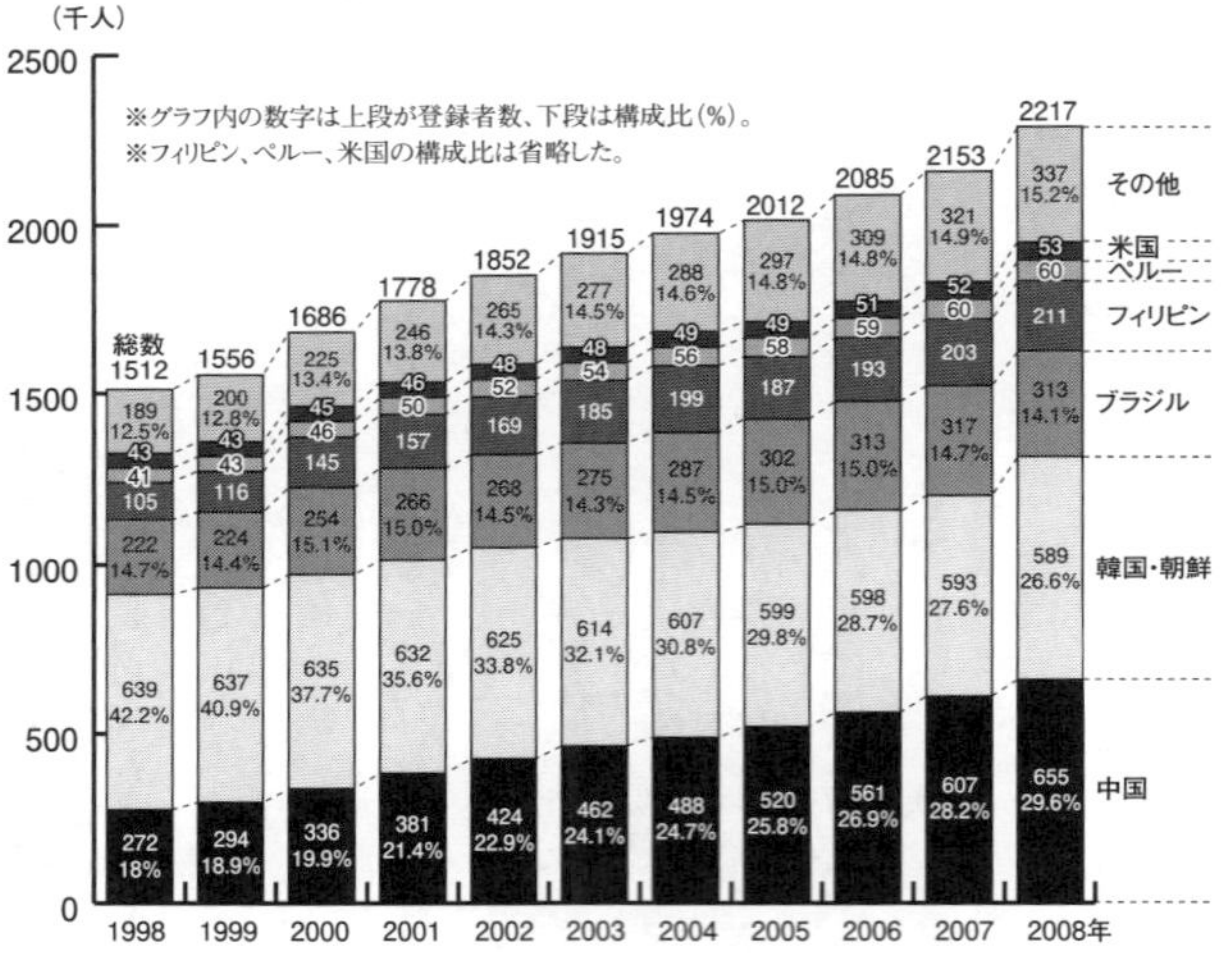


## 在留資格別の割合（2008年末現在）

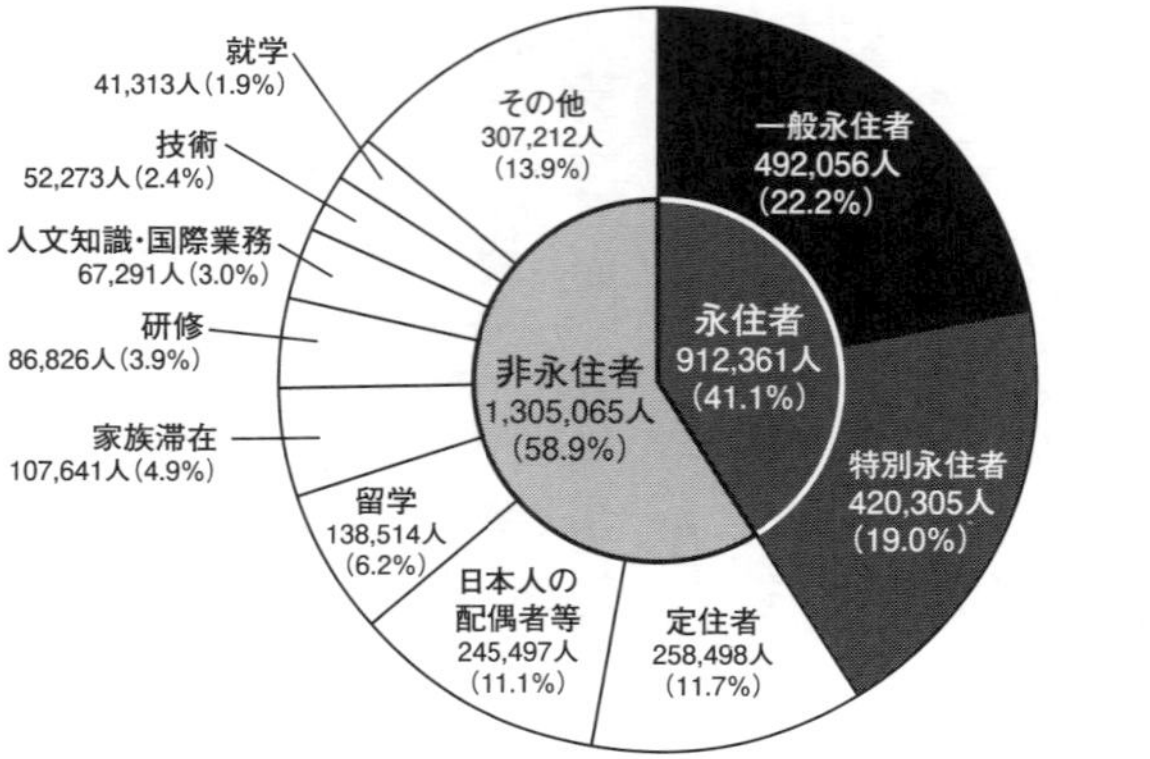


法務省入国管理局「平成20年末現在における外国人登録者統計について」より作成

外国人の増加は止まるところを知らず、今後も右肩上がりに増加し続けることだろう。

## 2　外国人の街

### ■生野・コリアタウン

人が集まればコミュニティが生じる。日本で最大規模を誇る外国人の集住地は大阪市生野区である。キムチ、ナムル、豚足、プルコギ……韓国食材がズラリと並ぶ「コリアタウン」では、胃袋を刺激する匂いが食欲を誘う。今夜のおかずを物色するアジュモニ（おばさん）もいれば、物珍しそうに店先の商品を見て回る女の子もいる。

面積八・三八平方キロの四角い形をした生野区は、人口一三万四〇〇〇人のうち韓国・朝鮮人が四分の一の三万人を占める（二〇一〇年三月現在）。なかでも平野川に沿って最も密集する地域はかつて「猪飼野《いかいの》」と呼ばれ全国的に有名だった（「猪飼野」の地名は一九七三年の町名変更の際に消滅）。

最寄りの駅は、ＪＲ環状線、近鉄線、地下鉄千日前線の三路線が集合する鶴橋駅。ガード下には日本人と韓国・朝鮮人の店舗が約七〇〇軒も密集する。韓国食材店、民族衣装店、焼肉店などが多数存在するため「国際マーケット」と呼ばれ、連日多数の客でにぎわう。

そこから疎開道路に沿って南へ七〇〇メートルほど行ったところに御幸通《みゆきどおり》商店街がある。東西五〇〇メートルの道路をはさんで一二〇ほどの店舗が並び、その半数が韓国・朝鮮人の店である。そのためここは「コリアタウン」と呼ばれ、手軽に異文化に触れることができる街として全国各地から観光客が訪れる。

この街で半世紀にわたって韓国食材店「徳山商店」を経営してきた洪呂杓《ホンヨピョ》さんは「いまでこそコリアタウンは多文化共生の街としてたくさんの日本人も来るようになりましたが、昔は〝朝鮮市場〟といって、日本人が近寄りがたい地域だったんですよ」と述懐する（拙著『コリアタウンに生きる――洪呂杓ライフヒストリー』参照。エンタイトル出版）。

生野区に朝鮮人が増加したのは一九一〇年の韓国併合以後のことである。生野区を縦断する平野川は大雨が降ると氾濫《はんらん》して周辺地域を水浸しにしたため、一九～二三年に改修工事が行われた。この工事に低賃金労働者として多数の朝鮮人が動員された。特に二三年に大阪・済州島《チェジュド》間を直行する航路が開設されて以後、済州島から来る朝鮮人が急増し、猪飼野に朝鮮市場が形成されていく。

二六年、疎開道路に面した御幸森神社の前に大阪市立鶴橋公設市場が開設されると、東西に走る道路に沿ってしだいに御幸通商店街が発展していった。盆や正月を迎える時期になると、民族的な食材を求める朝鮮人が各地から押し寄せ、自転車が通れないほどの大にぎわいとなった。しかし四一年に太平洋戦争が勃発《ぼっぱつ》すると、大規模な疎開が始まった。四五年三月には近隣地で発生した空襲による火災のため、御幸通商店街の東側半分が焼失した。四〇年に二〇万人だった生野区の人口は、四五年八月一五日の終戦時には一一万人に半減した。

戦後、鶴橋駅周辺には闇市《やみいち》が出現し、やがて国際マーケットが形成されていく。御幸通商店街にも朝鮮人が進出し、新たな朝鮮市場として活況を呈していった。

しかし六九年、ＪＲ、近鉄と同じ場所に地下鉄千日前線鶴橋駅が開設されると、交通至便な国際マーケットが飛躍的に繁栄していくのに反比例して、御幸通商店街からは客足が遠のいていった。

「このままでは廃《すた》れてしまう。ほかの商店街にない特色を打ち出すべきだ。朝鮮市場の伝統を生かして〝コリアタウン〟にしよう」と洪さんや一世が店主たちに呼びかけた。が、日本社会には長年民族差別が蔓延《まんえん》してきたため、「時期尚早だ」という反発が根強かった。

ところが八八年のソウル・オリンピックを契機に韓国に対する好感度が高まった。機は熟した。日本人も韓国・朝鮮人も一緒に議論を重ねた結果、朝鮮市場としての特色を打ち出す方向性が合意された。大阪府・大阪市にも支援を得て、九三年に大規模な改修工事を行った。道路を舗装し、街路灯をつけ、民族的なアーチ（門）を設けた。このときから商店街は「コリアタウン」という名称を使用するようになったのである。

変貌《へんぼう》したのは外観だけではない。商店街は今後の理念として、日本人と韓国・朝鮮人が共に生きる多文化共生社会の情報発信基地としてのビジョンを掲げた。生まれ変わったコリアタウンに人々が集まってきた。時代の変化が追い風をもたらした。二〇〇〇年代に入り、だれも想像できなかった巨大な地殻変動が起こったのだ。〇〇年、韓国映画『シュリ』の大ヒット、同年、初の南北首脳会談、〇二年、ＦＩＦＡワールドカップ日韓共催、さらに〇三年に韓国ドラマ『冬のソナタ』がNHKで放映されると爆発的な韓流ブームが噴出した。こうしてコリアタウンは地元の人々だけでなく、全国各地から遠足、修学旅行、異文化体験研修などで多数の人々が訪れる「観光地」として愛されるようになったのである。

コリアタウンでは毎年秋に、コリアタウン祭りを催す。色艶《いろあで》やかな民族衣装を身につけた大人や子どもたちがパレードやファッションショー、演奏会を繰り広げ、五〇〇〇人の人でにぎわう。コリアタウンは、国籍や民族の違いを超えた多民族多文化共生社会のシンボルとしてユニークな輝きを放っている。

### ■東京・コリアタウン

西の生野・コリアタウンに対し、東のコリアタウンとして急速に台頭してきたのが東京都新宿区の大久保地域である。焼肉、韓国食材、カラオケ、エステなどの店が広範囲に点在する。こちらは八〇年代以降に日本に移住してきたニューカマーによって形成されているのが顕著な特徴である。

大久保は、日本最大の繁華街と歓楽街を背後に擁する。ＪＲ山手線新宿駅から一駅目の新大久保駅と中央・総武線の大久保駅があるという好立地の場所に各種店舗、日本語学校や専門学校、ホテル、住宅などが混在する。この街に主にアジアからの就学生・留学生や繁華街で働く外国人女性が集まり始めたのは八〇年代になってからだった。韓国人が急増したのは、八八年ソウル・オリンピックと前後して、韓国で海外渡航の制限が緩和されたことが影響している。九〇年代になると、歌舞伎町などのスナックやバー、風俗店で働くアガシ（女性）が増えるとともに、飲食店やエステ、病院などが増加していった。

その頃、職安通りに韓国食品スーパー「韓国広場」を開設して以来、地域の発展に貢献してきたのが株式会社韓国広場の代表取締役、金根熙《キムグンヒ》さんである。焼肉店や伝統工芸品店、不動産、日本語学校などの事業を手広く展開する彼は、「ここを韓国人と日本人が共存共栄する街として発展させたい」というビジョンに向かって疾走する。

五六年、韓国・全羅南道《チョルラナムド》生まれ。八五年に来日したのが縁で、翌年、通産省（現、経済産業省）が出資する研究機関である財団法人流通システム開発センターの客員研究員となり商用バーコードの研究に参加した。その後、一橋大学大学院博士課程に進んだ彼がビジネスの世界に転身したのは、生涯やるべき仕事を求めて熟慮した結果だった。

忘れがたい記憶がある。子どもに「好きな国はどこか」と尋ねると、「一番が韓国、二番が日本、三番が中国」と答えた。そこで「中国が好きな理由は」と聞くと、「中華料理が美味しいから」という返事が返ってきた。

「わたしは、これだ！　と思い、その夜は眠れませんでした。そして論文を書く替わりに、キムチを売るビジネスを選択したんです」

商売に縁のなかった彼は、現場調査のために各地を巡った。その過程で「驚くべきことを発見した」という。

「二十余カ所の店舗を回ったんですが、屋号に韓国、朝鮮、コリアという名称を使っている所が一つもなかった。在日同胞がどれほど差別を受けてきたか思い知らされ胸が痛みました。と同時に、日本社会の差別だけでなく、同胞の被差別意識も克服しなければならないと痛感しましたね」

こうして着目したのが、生活文化を通じて両国間の理解を進めるための韓国食材だった。九三年、荒川区日暮里で「ジャントウ」（市場）を創業。翌年、現在地に二号店を開設した。当時、大久保にはクラブの他に韓国系の店といえば一〇軒ほどの食堂しかなかったが、必ず韓国生活文化の発信基地になるという確信があった。読みは見事に的中。一年後には韓国系店舗が六〇軒に増加した。さらにＦＩＦＡワールドカップ日韓共催や韓流ブームといった追い風を受けて、大久保はいつしか二〇〇軒以上の韓国系店舗が林立する「コリアタウン」と呼ばれるようになった。しかし意外にも彼は「コリアタウンという名称を使うべきではない」という。

「いくら韓国系の店が目立つようになったといっても、ここに昔から住んできた多数の人々は日本人です。まず地元の住民の立場を考えなければ。たとえば、『韓流の街　大久保』というような呼び方がいいと思いますね」

現在、大久保・柏木《かしわぎ》地区の住民の二割が外国人であり、国籍数は一〇〇を超える。生野のコリアタウンが一本の道路の両側に直線状に形成されているのに対し、大久保の場合は韓国系の店舗が点在して面を形作りながら膨張を続けている。ちなみに私が以前訪れた米国・ロサンゼルスのコリアタウンは半径三キロの円形にハングルの看板を掲げた在米コリアンの建物が林立していて壮観だった。街には雑貨店やクリーニング店、スーパーマーケットから銀行、テレビ局、ラジオ局、新聞社まであらゆる業種の建物が存在し、韓国人は韓国語だけで何不自由なく暮らしていた。もちろんスケールが違うが、大久保の様相はロサンゼルス・コリアタウンを彷彿《ほうふつ》とさせる。

生野にせよ、大久保にせよ、日本社会に珍しい異文化共生の街としてのモデルを創造している。

## ■最古の外国人街・中華街

日本で最も古い外国人街は中華街である。その歴史をたどれば一五〇年前にさかのぼる。幕末の一八五八年に締結された日米修好通商条約に基づき、翌年に横浜港と長崎港、一八六八年に神戸港が開港され、多数の欧米人と中国人が来日した。

中国人は長い道のりを経て横浜中華街、神戸南京町、長崎新地中華街の三大中華街を築き上げてきた。しかし、いまでは多数の人々が訪れる観光名所として栄える中華街の発展過程には、険しい試練の日々があった。

「わたしが小さかった昭和三〇年代には、中華街の風情なんかまったくなくて恐い所でしたよ」と語るのは、神戸の南京町商店街振興組合理事長で、元祖豚饅頭の店として有名な「老祥記」の三代目である曹英生さんだ。祖父は一九一五年に南京町で天津包子《テンチンパオツー》の小さな店を開業した。「包子」では日本人に分かりにくいため「豚肉まんじゅう」と名づけたのが、後年「豚まん」の名が全国に定着した由来である。

祖父の死後、父が代を継いだが、第二次世界大戦時に空襲を受けたため疎開した。戦後に戻って店を再開したが、街は汚く、中国の料理店や食材店はほとんどなかった。五〇年に朝鮮戦争が勃発すると、軍人相手の外人バーが乱立し、夜は危険で外出できない状態になってしまった。

そんな町に変化の芽がふきだしたのは七二年の日中国交正常化以後のことである。日本社会で中国に対する好感度が高まっていった。

七七年、若い華僑《かきょう》や日本人の店主が中心になって南京町商店街振興組合が設立された。おりしもNHKの連続テレビ小説で、異人館の立ち並ぶ北野町を舞台にした『風見鶏』が放送され観光ブームが湧《わ》き起こった。

もう一匹のどじょうを狙《ねら》った神戸市は、「南京町を観光スポットにしよう」と区画整理事業を行った。バラックが一掃され、歩車道が整備され、チャイナタウンらしい町並みが建設された。日中両国の平和と友好を祈願する東楼門（長安門）が八五年に竣工した頃には、雨後の竹の子のごとく中華料理店が軒を連ねていった。

「象徴的だったのは八七年に神戸華僑総会青年部がやった第一回目の春節祭でした。イベントの目玉にしようと思って四〇メートルの青龍《せいりゅう》を香港から購入しました。ところがなかなか届かないので、箒《ほうき》などに紐《ひも》を付けたのを仮想龍にして夜に練習していたら、NHKの人が見に来てドキュメンタリー番組にしたんです」

たちまちマスコミが殺到し、四日間の春節祭に訪れた人はなんと二七万人に達した。以後、訪問客は爆発的に増加した。

九五年に阪神・淡路大震災が発生したとき、南京町の被害は比較的軽かった。組合員は「被災者を助けるのが我々の義務だ」と話し合い、広場にテントを張って炊き出しを行った。横浜中華街では、恒例の春節祭で神戸を助けるためのパレードを企画し、集まった一〇〇〇万円を届けに来てくれた。その年以来、三大中華街は随時シンポジウムを開催するようになり、華僑華人や中華街の役割について話し合いを行っている。

「中華街では中国人、台湾人、日本人といった国籍や政治的立場を超えて、みんな仲良く共存しています。今後も多文化共生の街として、もっと発展させていきたい」という曹さんの口ぶりには自信がみなぎっていた。

## ■日系ブラジル人の街・大泉町

群馬県邑楽《おうら》郡にある小さな町、大泉町は二〇年前から全国的な注目を浴びている。どこよりも早く南米日系人の受け入れに取り組んできたからである。〇九年六月現在、人口四万一九一六人のうち、ブラジル人が四九四八人、ペルー人が八六七人であり、総人口に占める外国人比率は一六・一%にのぼる。

東京から約二時間。東武小泉線西小泉駅で降りると、のどかな田舎町の風情が漂う。田畑はなく、こぎれいな家屋が立ち並び、所々にポルトガル語の看板を掲げたレストランや雑貨店を見かける。

「何しろ政府や自治体、マスコミや学生さんからの問い合わせが多くて」と、町役場の広報国際課主幹の加藤博恵さんが苦笑する。

大泉町は戦時中、飛行機工場がある軍需産業の町だったが、戦後、家電や自動車などの企業を誘致し工業地域として発展してきた。八〇年代後半に人手不足が深刻化すると、企業が集まって東毛地区雇用安定促進協議会を結成。後述する九〇年の「出入国管理及び難民認定法」改正によって日系人労働者の受け入れが可能になると、代表団がブラジルを訪問するなどして積極的に受け入れ、福利厚生にも配慮を行った。

「初めのうちは、来日した方もわたしたちも〝デカセギ〟と思っていたんですが、だんだんと長期滞在したり、家族を呼び寄せたりする人が増えてきましてね」

町では通訳の採用、ポルトガル語による掲示板作成、広報「ガラッパ」発行など様々な対策を取った。最も重要な課題の一つが教育だった。町内にある七つの小中学校すべてに日本語学級を設置した。子どもたちはひとまずクラスに入って授業を受けるが、日本語が分からなければ理解できない授業のときには日本語学級に集まるという「取り出し式」の学習を行っている。

九九年以後、四校のブラジル人学校が設立された。ブラジル人学校は私塾扱いになるため、行政サービスの対象にしにくいのだが、町では田植え教室や食育教室などを開いて間接的な支援を行ってきた。〇七年には多文化共生コミュニティセンターを設立。税金、国保、教育、ごみ、外国人登録などあらゆる種類の情報を伝えたり、大人対象の日本語講座を開講したりしている。

「でも昨年(〇八年)秋に世界的な不況が始まってから、すごく厳しくなってきましたね」と加藤さんは顔を曇らせる。

〇八年秋、アメリカに端を発した世界金融危機(リーマン・ショック)は大泉町にも襲いかかり、大量のリストラが行われた。〇九年二月に町が実施した外国人への緊急アンケート調査によれば、仕事がない人は四〇%に達した。ブラジル人学校に通う子も激減し、経営難を加速化させた。それでも「帰国を考えていない」人が五一・八%を占めた。

大泉町は、参考とすべきモデルのないまま全国に先駆けて日系人を受け入れ、そのため自らがモデルケースとして脚光を浴びた。が、その過程では先駆者ならではの困難な道程を歩まなければならなかった。「この問題は一地域の仕事の範疇《はんちゅう》を超えています」という加藤さんの言葉は、実体験からにじみ出てくるホンネだろう。

## 3　多民族化への潮流

### ■外国人集住都市会議

大泉町と同様に、九〇年代以降、中南米からの日系人が急増した地域は全国に拡大している。特に愛知、静岡をはじめ、自動車や家電などの大手企業が存在する地域ではブラジル人とペルー人の増加が顕著である。それにともなって、各地方自治体から抜本的な政策転換を求める動きが現れてきた。

二〇〇一年五月、静岡県浜松市の呼びかけによる第一回「外国人集住都市会議」が開催された。設立趣旨には「ニューカマーと呼ばれる南米日系人を中心とする外国人住民が多数居住する都市の行政並びに地域の国際交流協会等をもって構成し、外国人住民に係わる施策や活動状況に関する情報交換を行うなかで、地域で顕在化しつつある様々な問題の解決に積極的に取り組んでいくことを目的として設立する」と記されている。

会議は同年一〇月に浜松市で外国人集住都市公開首長会議を開催。外国人住民との共生を目指す「浜松宣言及び提言」を採択し、翌月、総務省、法務省、外務省、文部科学省、文化庁、厚生労働省、社会保険庁に申し入れを行った。

その後、毎年、会議やシンポジウムを催している。当初の会員都市は浜松市、豊田市など一三都市だったが、年々増加し、一〇年四月現在では、群馬県の二市と大泉町、長野県の二市、岐阜県の三市、静岡県の七市、愛知県の四市、三重県の五市、滋賀県の三市、岡山県の一市、計二八都市となった。

同会議の拡大は、外国人問題がもはや特定地域ではなく、全国規模の課題となっていることを如実に示している。

## ■経済成長の赤信号

外国人が増加するのは、発展途上国の人々が職を求めてくるプッシュ要因があるのと同時に、日本で外国人労働者を必要とするプル要因が存在するからである。その主要な原因の一つが少子高齢社会問題である。

日本は戦後、高い経済成長率を維持し、ＧＤＰ（国内総生産）世界二位の地位を築いた。

だが今後の長期展望においては赤信号がともっている。二〇〇八年六月に財務省の財務総合政策研究所は、少子化と高齢化にともなう人口減少のため、日本のＧＤＰは二〇三〇年代後半にマイナスに転じるという研究報告を公表した。国立社会保障・人口問題研究所の推計によれば、人口は〇五年に一億二七七七万人だったのが、五〇年には九五一五万人に減少する。なかでも生産年齢人口（一五〜六四歳）が四割も減るため、技術向上などで生産性が高まってもマイナス成長の道を転落していくというのである。

同月、自民党国家戦略本部の日本型移民国家への道プロジェクトチームは、福田康夫首相に「人材開国！　日本型移民政策の提言」を提出したが、そのなかでは今後五〇年間で総人口の一〇％にあたる一〇〇〇万人の移民の受け入れを提議した。

また一〇月には日本経団連が「人口減少に対応した経済社会のあり方」と題する提言をまとめ、「日本型移民政策」を検討するための関連法の整備や担当大臣の設置を求めた。従来の「期間を限定した外国人労働者の受け入れ」という方針を転換し、初めて定住移民の受け入れを訴えたのである。

日本はすでに大量の外国人を受け入れており、今後その傾向はますます加速化していく。

しかし、はたして「第二の黒船来航」とも称される時代の変化に対応した体制を構築しているると言えるのだろうか。

# 第二章　異国に刻む歴史

横浜中華街

## 1　韓国・朝鮮人の軌跡

### ■在日一世の記憶

二〇〇八年一〇月、集英社新書から『在日一世の記憶』という本が出版された。植民地時代から今日まで波乱に満ちた歴史を生き抜いてきた在日韓国・朝鮮人一世五二人の体験談を聞き取りした記録である。このプロジェクトには韓国・朝鮮人、日本人のスタッフ二十余人が参加し、企画から出版まで五年を要した。編者は慶應義塾大学教授の小熊英二氏と東京大学大学院教授の姜尚中《カンサンジュン》氏であり、私は事務局長を務めたが、取材過程を通じて「在日」の原点を築いてきた一世の生き様に改めて深い感銘を受けた。

私はこれまで韓国・朝鮮人をはじめ、日本に住む外国人を少なからず取材してきた。彼らが、日本人と親しく交流する姿に接すると心がなごむ。ところで外国人の側からしばしば耳にするのは、「個々の日本人にはすごくいい人がたくさんいるのに、日本という国や社会の制度には問題が多い」という意見である。なぜそのようなギャップが生まれるのか。そのわけを知るには、まず戦前から長年にわたって在日外国人の九割以上を占めてきた韓国・朝鮮人の足跡を知る必要がある。

歴史をさかのぼると、島国日本の対外交流といえば、中国や朝鮮などの限られた国だけを対象とするものであり、江戸時代には二〇〇年にわたって「鎖国」政策が取られた。一八五三年に「黒船」が来航したのを契機に日米修好通商条約が結ばれた後、横浜、神戸など五港が開港され、欧米人や中国人の居留地が形成された。

明治維新以後、日本は「脱亜入欧」政策のもとに大陸進出を本格化していった。一八九五年に日清戦争で勝利し台湾を、続いて一九一〇年には「韓国併合」を強行して朝鮮半島を植民地とした。それ以後、大量の朝鮮人が日本に渡ってくることになる。

植民地支配に苦しむ朝鮮人は、生活の糧を求めて日本に渡航してきた。特に三九年に国民徴用令が制定された後は、強制連行・徴用によって膨大な人々が炭坑、ダム建設、鉄道工事などの劣悪な工事現場に動員され、過酷な労働を強いられた。『在日一世の記憶』に登場する全補純《チヨンボスン》さんは、北海道の鉱山に強制連行された体験について、「仕事はひどくきつい。鉄棒で突いて、二メートルも穴を開けて、ダイナマイトを仕掛け、鉱石を粉々にします。……二年目の秋のある朝、寮で朝鮮人が一人死にました。……鉱山には火葬場がないから、鉱石山の沢に死体を運び、ガソリンをかけて焼き、遺骨は川に捨てました。全体でどれだけ死んだかわかりません」と追憶している。四五年八月一五日の終戦当時、日本にいた朝鮮人は約二〇〇万人、中国人は約九万人に達していた。

戦後、日本を占領したGHQ（連合国軍総司令部）は、日本にいた外国人を連合国国民、中立国国民、敵国国民に分類した。このとき大陸出身の中国人については連合国国民に分類したが、旧植民地出身者（主に朝鮮半島と台湾から来た人々）については「解放民族」という別枠を設けつつ、同時に、必要に応じて「敵国国民」として扱うこともできるという解釈を行った。但し、その後、GHQは四六年に台湾出身者の地位を「連合国国民」に変更した。そのため中国人の場合は、大陸出身者と台湾出身者の法的区別は撤廃された。

## ■阪神教育闘争

朝鮮人は帰国を急ぐ一方、民族運動を開始した。早くも四五年一〇月には左翼系の人々を中心に在日本朝鮮人連盟（朝連）が結成された。これに対し右翼系の青年は一一月に朝鮮建国促進青年同盟（建青）を発足させた。翌年一月には、朝連を離脱した人々を中心に新朝鮮建設同盟（建同）が結成され、一〇月には建青と建同が合併して在日本朝鮮居留民団（民団。現、在日本大韓民国民団）に改称された。

朝連と民団はイデオロギーの違いによって対立したが、同胞の大多数を網羅したのは朝連だった。朝連は民族運動を拡大しつつ、子どもたちに母国語を教えるための国語講習所を日本全国に作り、初・中級学校へと発展させていった。

朝鮮人は百数十万人が帰国の途についた。しかし船の確保が困難なうえ、祖国の情勢が悪化したため多くの人が一時的に帰国を見合わせざるを得なくなった。するとＧＨＱは四六年一二月に帰還計画を終了させ、引き続き日本に留まる者は日本人と同様に扱うと宣言した。そのためこの時点で日本に残留していた五二万五〇〇〇人が帰国の道を閉ざされ、「在日朝鮮人」としての運命を強いられることになった。

四七年、トルーマン米大統領が議会で、共産主義に対する自由主義陣営の闘いを宣言した。ＧＨＱは在日朝鮮人運動を左翼活動と見なし、さらに弾圧政策を強めていった。ＧＨ

Qと日本政府は新憲法施行の前日の五月二日に外国人登録令を発令し、旧植民地出身者に対する管理制度の強化を図った。当時、外国人登録を行った六四万人のうち旧植民地出身者は六〇万人（九三・六％）を占め、その大半が朝鮮人だった。

新たな事態に対処するため、朝連は組織の拡大とともに、体系的な民族教育事業を進めていった。しかしGHQと日本政府は東西冷戦の進行を背景に激しい朝鮮人学校弾圧政策を強行する。四八年一月、GHQの指令のもとに文部省は全国に学校教育局長通達「朝鮮人設立学校の取扱いについて」を出し、朝鮮人学校閉鎖に乗り出した。

当時、朝連系の学校は小学校五六六校、中学校七校の計五七三校存在し、児童生徒数は約六万人。民団系の小、中学校も約五〇校あり、六〇〇〇人以上が通っていた。

四月になると各地で大量の武装警官隊が学校に侵入し教師や子どもらを追い出した。抵抗する朝鮮人との間で激しい衝突が生じた。兵庫県では四月二四日に朝鮮人側代表が知事室を訪れ交渉を行った。そこへMP（米国陸軍憲兵隊）三名が入ってきて拳銃を突きつけた。若い女性が机に上がって「撃つなら撃て！」と胸をはだけた。MPは退散し、知事は朝鮮人側代表と交渉した後、「学校閉鎖令を撤回する」という文書に調印した。しかしその夜、ＧＨＱは神戸地区一帯に非常事態宣言を発し、二〇〇〇人の朝鮮人を逮捕した。

二六日には大阪府庁前公園で数万人の朝鮮人が集会を開き、代表が知事と交渉を行った。そこへ現れた警察局長は「五分以内に集会を解散せよ」と迫った。朝鮮人側が同胞たちにひとまず解散するよう呼びかけた刹那、警官隊が警棒で殴りかかり、消防車が放水を浴びせた。たちまち公園は血と水と悲鳴の修羅場と化した。

当時、現場にいた洪鳳相《ホンボンサン》さんは「突然五、六人の警官が襲いかかってきて、しゃにむに棍棒で頭を殴りつけたため血だらけになりました。あのときの警官の表情は完全に理性を失った野獣のようでした。警官の残忍さを、身をもって体験しました」と振り返る。警官隊は群衆に向けて拳銃を乱射し、一六歳の少年の命が奪われた。この闘いは「四・二四阪神教育闘争」と呼ばれて民族教育史に刻まれている。

朝鮮半島では戦後、北半部をソ連、南半部をアメリカが暫定的に統治していたが、四八年にアメリカは南側だけで単独選挙を実施するという提案を行い国連朝鮮委員会に採択させた。祖国分断に反対する抵抗運動を武力で弾圧し、八月一五日に大韓民国（韓国）を樹立させた。これに対し北半部では九月九日に朝鮮民主主義人民共和国（北朝鮮）が樹立され、南北分断が決定づけられた。

日本政府は四九年九月、朝連に対して団体等規正令（破壊活動防止法の前身）を適用し、組織の解散と幹部の公職追放を命じた。さらに一〇月には閣議で「朝鮮人学校処置方針」を決定し、再び大量の武装警官隊を動員して学校閉鎖を強行した。その結果、民団系の一学園三校だけが私立学校として認可された以外は朝連系も民団系も含めたすべての学校が閉鎖されたのである。

## ■日本国籍を離脱する者

五〇年六月二五日、朝鮮半島で朝鮮戦争が勃発した。北朝鮮と韓国のあいだで始まった争いは、米軍が主導する国連軍と中国人民義勇軍を巻き込む凄惨《せいさん》な戦争に拡大した。

日本では五一年一月に、新たに在日朝鮮統一民主戦線（民戦）が結成された。しかし民戦は朝鮮戦争反対闘争とともに、日本共産党の指導のもとに日本革命を目指すという過激路線に走ったため、次第に同胞の支持を失っていった。

朝鮮戦争が苛烈《かれつ》さを増すなか、五一年九月にサンフランシスコ講和条約が締結された。

これによって日本が主権を回復すると同時に、旧植民地出身者は「日本国籍を離脱する者」、すなわち外国人となった。日本政府は五二年四月、同条約が発効した日に外国人登録法を施行し、指紋押捺《おうなつ》義務（在日朝鮮人の抵抗により延期され五五年四月から実施）や外国人登録証の常時携帯義務を課した。

五五年五月、民戦が解散するとともに、新たに在日本朝鮮人総連合会（朝鮮総連）が結成された。総連は北朝鮮を支持する立場に立って、祖国統一、民主主義的民族権利の擁護、朝鮮人学校再建運動を展開していった。

五九年一二月から北朝鮮への帰国事業が始まり、八四年までに九万三〇〇〇人が帰国した。民族教育は広範な大衆運動によって発展し、朝鮮人学校の総数は総連結成一〇年で百五十余校に増加した（初級・中級・高級併設校を別々に数えた数）。朝鮮人学校は学校法人の資格を得るため各種学校の認可を受ける運動を進めた。

## ■日韓条約が分けた「韓国」「朝鮮」

六五年六月、日韓基本条約および諸協定が調印された。このとき日本政府は韓国を「朝鮮半島における唯一の合法政府」と認めたため、国籍問題が先鋭化した。戦後、在日朝鮮人は一律に「朝鮮」籍を持つことになったが、四八年に韓国が成立した以後、希望すれば「韓国」籍への変更が可能になっていた。日本政府は六六年一月の日韓法的地位協定発効にともない、「韓国」籍を取得した者については「大韓民国国民」と認定して永住資格（協定永住）を与える半面、「朝鮮」は単なる出身地名であって、国名として認定しないという見解を明らかにした。そのため「韓国」籍に変更した者と、「朝鮮」籍を維持する者との間に格差が生じることになった。

六五年に発行された内閣調査室『調査月報』（七月号）には在日韓国・朝鮮人に対して同化・管理政策を進めるという意図が明瞭《めいりよう》に記された。

「わが国に永住する異民族が、いつまでも異民族としてとどまることは、一種の少数民族として将来困難深刻な社会問題となることは明らかである。彼我双方の将来における生活と安定のために、これらのひとたちに対する同化政策が強調されるゆえんである。すなわち大いに帰化してもらうことである」

日本政府の意図は教育分野で最も端的に現れていく。同年一二月、全国に二つの文部次官通達が送られた。第一の通達は、韓国・朝鮮人の子が公立学校に入学を希望する場合は、「日本人子弟と同様に取り扱うものとし、教育課程の編成・実施について特別の取り扱いをすべきでない」とした。つまり恩恵として入学を認めてもよいが、授業で母国語などの民族教育を行ってはならないと釘《くぎ》を刺したのである。

第二の通達は、朝鮮人学校に対し「わが国の社会にとって、各種学校の地位を与える積極的意義を有するものとは認められないので、これを各種学校として認可すべきでない」とした。しかし現実に学校教育法第一条で定められている「一条校」(一三三頁参照)に比べて遜色《そんしょく》のない教育活動を行っている朝鮮人学校に対して、全国の知事が次々と各種学校の認可を与えていき、七五年までに全校が許可を得た。

在日韓国・朝鮮人の多くは総連か民団に属していた。広範な同胞の支持に支えられた両組織は日本全国に本部、支部、出版社、信用組合や各種の経済・文化・芸術・スポーツ団体などを設立し大規模な民族運動を展開した。

## ■就職差別・指紋押捺反対運動

在日韓国・朝鮮人の民族運動は総連と民団という二大組織によって推進され多大な業績が蓄積された。しかし総連は北朝鮮、民団は韓国の政権の影響を受けすぎ、在日同胞団体としての自主性に欠けるという批判も少なくなかった。七〇年代に入り、従来とは異なる新たな民族運動の形態が現れてきた。

在日韓国・朝鮮人にとって最も深刻な民族差別が就職問題だった。いかに努力しても、韓国・朝鮮人だという理由だけで就職の扉が閉ざされていた。

愛知県生まれの在日二世である朴鐘碩《パクチョンソク》さんは七〇年に神奈川県の日立製作所の採用試験を受けようとした。民族的出自を隠して過ごしてきた彼は、履歴書に通名、本籍欄に愛知県と記入して送付し、試験に合格することができた。ところが会社側から戸籍謄本を提出するように言われたため、自分は韓国籍なので戸籍謄本が取れないと正直に申し出た。会社は就職を取り消した。

彼は、多数の同胞や日本人の支援を受けて、就職差別を告発する訴訟に踏み切った。マスコミも彼の闘いを積極的に報道した。四年間にわたった裁判の結果、横浜地裁は原告勝訴の判決を下した。

在日韓国・朝鮮人に対する差別問題がマスコミでより大々的に取り上げられ、巨大な運動に拡大したのは指紋押捺拒否闘争だった。

八〇年九月、在日一世の韓宗碩《ハンジョンソク》さんが東京都新宿区での外国人登録証更新時に指紋押捺を拒否した。当時、外国人は一四歳を超えると、新規外国人登録や三年ごとの更新のときに指紋押捺をしなければならなかった。違反すれば「一年以上の懲役もしくは禁固、または二〇万円以下の罰金」という刑事罰が科せられた。外国人を犯罪者同様に扱う指紋押捺は外国人の尊厳を傷つける民族差別の象徴でもあった。

組織に頼らず、たった一人で立ち上がった韓さんの行動はマスコミで大きく報道された。全国で国籍の違いを超えた爆発的な支援運動が湧き上がった。韓国・朝鮮人だけでなく、欧米人や中国人の中からも同調者が現れ、指紋押捺の拒否者や留保者が一万人を突破した。各地で大規模な集会やデモ行進が続発した。

激しい批判を受けた法務省は、一回目の登録年齢を一六歳に引き上げる、更新期間を延長して五年ごとにする、指紋押捺は最初の登録時の一回限りにするなどと徐々に制度を改めていった。そしてついに二〇〇〇年四月に入管法上の指紋押捺制度を全廃したのである。但し、指紋に替わるものとして、顔写真、本人のサイン、家族の登録が追加され、外国人登録証の常時携帯義務は現在も継続している。

## 2　他郷に根を張る華僑

### ■イデオロギーの対立

華僑は戦後、先述したように中国大陸と台湾出身者の法的区別はなくなったが、分断された祖国におけるイデオロギーの対立が日本にいる大陸系と台湾系の人々にも複雑な運命を強いることになった。

大陸系の人々の間では戦時中から「華僑連合会」という組織が存在していたが、戦後、間もなく台湾系の人々が東京で「台湾同郷会」を設立した。翌四六年四月には、華僑の統一組織として「中華民国留日華僑総会」が発足した。同総会は華僑のネットワーク作り、祖国への帰還、中華学校の運営などで活発な運動を推進していった。

しかし四九年に国共内戦に敗れた国民政府が台湾に渡り、一〇月に中華人民共和国が建国されると、大陸系と台湾系の対立が顕在化していく。中国の建国は世界各国に分散した多くの華僑に歓迎された。すると国民政府は「反共」路線にもとづく僑務政策を強引に進めていった。日本では五一年、国民政府の駐日代表団が華僑総会に対する干渉を強め、名称も「中華民国留日華僑連合総会」と改めた。また東京華僑総会を解散させると宣言し、新たに「中華民国留日東京華僑総会」を成立させたため、東京華僑総会は中華民国代表団と袂《たもと》を分かち、華僑組織が分裂することになった。

五二年、日本は台湾と日華平和条約を締結した。国民政府を中国の合法政府として承認したのである。このとき華僑の国籍をどう扱うかが大問題になったが、日本政府は「中華民国」を強制せず、一律に「中国」とした。

イデオロギーの対立は学校にも傷跡を残した。横浜中華学校は孫文の呼びかけに応じた華僑によって一八九八年に設立された「横浜大同学校」を前身とする。一九五二年八月の夏休みに、突然副理事長が中国人男性数名を連れてきて校長室や教員室を占拠した。驚いて駆けつけた教員や保護者に向かって、彼らは台湾の駐日大使館から任命された新しい校長と教員だと主張した。

九月一日の始業式の日、数百人の武装警官隊と中華民国海軍兵士が突入した。乱闘が繰り広げられた末、一三人が逮捕された。激怒した華僑たちは資金を集めて、翌年九月に臨時校舎を建設。五七年に「横浜山手中華学校」と改名した。

## ■日本華僑華人連合総会

中国は建国後、苦難の道を歩んだ。反右派闘争や大躍進運動の失敗に自然災害も加わり数千万人ともいわれる餓死者が出た。六六年から始まった文化大革命による混乱は一〇年間続いた。しかし七二年二月にアメリカのニクソン大統領が訪中、九月には日中国交正常化が実現し、中国の国際的地位は飛躍的に高まっていく。

それにともなって在日華僑を取り巻く状況もドラスティックに変化した。華僑は祖国への往来が自由化され、緊密度を増していった。また日本人の中国旅行が急増し、国内の中華街を訪れる観光客も増加した。

一方、台湾は日中友好ムードの高揚に危機感をつのらせた。台湾系の在日華僑団体は七二年に「日本中華連合総会」と改称し組織の立て直しをはかったが、時代の流れはいかんともしがたかった。七八年、文革期の失脚から返り咲いた鄧小平の指導体制が確立し、中国は改革開放路線へと大きく政策転換した。八〇年代に入ると、中台関係も大きく変化した。ヒト・モノ・カネの移動が増加し、「政経分離」が進んだ。また日本では八〇年代に入り、中国からの留学生が急増し始めた。

華僑組織のあり方にも変化が起こってきた。一世、二世から三世、四世の時代へと移ると、日本国籍を取得する人（華人）も増加してきた。年間およそ四五〇〇人前後が帰化し、総数は一〇万人を超えた。しかし在日韓国・朝鮮人の帰化者が民族的アイデンティティを隠して帰化する傾向にあるのに対し、華僑の場合は、生活上の便宜のための手段として日本国籍を取るという感覚が強く、祖国や華僑社会とのつながりを維持し続けている。

大陸系の人々は二〇〇三年に「留日華僑連合総会」（母体は分裂した大陸系の「東京華僑総会」）の名称を「日本華僑華人連合総会」と改めた。同連合総会の前会長の曽徳深さんは横浜中華街で生まれ、中国との貿易会社などを経営しつつ、横浜華僑総会会長などを歴任してきた。

彼は「以前、老華僑は日本国籍を取った華人や新華僑を華僑総会に入れたがらない傾向がありました。でも横浜では以前から台湾系の人たちとも一緒に街作り事業をしたりして比較的オープンだったので、老華僑たちに新華僑や華人も同じコミュニティに迎え入れるべきだと呼びかけました」と語る。

華僑の世界分布図を見ると、同郷者中心の華僑総会よりも、経済活動を中心に華僑華人が結束する「中華総商会」が中枢的な役割を果たしている。二年に一度開催される世界華商大会は中華総商会が主催者である。中国経済の発展にともない、日本でも中華総商会を作ろうという気運が高まり、一九九九年に設立された。それが華僑総会に刺激を与えた効果もあって、華僑総会は「日本華僑華人連合総会」と改称して新たな第一歩を踏み出したのである。

## ■新華僑の活躍

八〇年代以後に来日した新華僑の活躍もめざましい。老華僑が戦前から異国の風雪に耐えながら民族産業を育成してきたのに対し、新華僑は高学歴で専門知識や技術を持ち、多様な分野に乗り出した。昔の貧しかった祖国ではなく、世界から注視される中国の国民としての誇りを持ち、祖国と日本や世界の間を橋渡しすべく大胆なチャレンジ精神を発揮する。

八九年に来日した李国夫さんは大学卒業後、日本企業で中国関連プロジェクトを担当した後、大阪で会社を設立した。日中間の経済・文化・旅行・IT分野などの多角的な事業を展開する。「わたしたちは外国人ですが、居住国で地元の人間として地域の発展に寄与してこそ、祖国の発展にも貢献することができます」というのがモットーである。

彼は中華総商会の常務理事に就任した後、二〇〇三年に結成された「日本新華僑華人会」の副会長となった。その後、より地元に密着した組織の必要性を感じたため、関西の新華僑に呼びかけて〇六年に西日本中華総商会を設立し会長に就任した。

「関西にもいろんな華僑団体がありますが、ビジネス関係の総商会はなかったので、皆さん、『やっとそんな団体を作れる時代が来たのか』と喜んでくれました」

正会員は華僑を対象とするが、協賛会員は日本人にも門戸を開き、各種の交流会、コンサルタント業務、中国訪問などの多彩な活動を推進している。

彼は〇七年九月に日本で初めて開催された第九回世界華商大会の準備にも奔走した。〇九年に中国で全国人民代表者大会が開かれたときには在日華僑の代表の一人として参加し、世界一九カ国から来た代表たちのまとめ役を果たした。

## ■世界華商大会

第九回世界華商大会が神戸・大阪で催されたとき、主席をつとめたのは、主催団体となった日本中華総商会会長の黄耀庭氏である。一九三一年に台湾で生まれてすぐに来日。代を継いで貿易会社を経営しながら神戸華僑総会会長、神戸中華同文学校理事長などを歴任してきた。世界華商大会が神戸で開催されたきっかけは阪神・淡路大震災だった。

「当時の神戸市長だった笹山幸俊さんから、神戸の活性化のために誘致できないかという強い要望があったので、組織委員会に行って『神戸でやりたい』とぶち上げたんです。その後、南京、クアラルンプール、ソウルで開催されたあと、神戸に決まったときはうれしかったですね」

大会には三三カ国から来た華僑華人二〇〇〇人をはじめ、在日華僑華人や日本の政財界を含む三六〇〇人が参加し、改めて存在感を内外に誇示した。

中国には「落葉帰根《らくようきこん》」と「落地生根《らくちせいこん》」という言葉がある。前者は、葉が木から落ちてどこかに流れ着いても、いずれはルーツのある所に帰ること、後者は、木から落ちた葉がその地に根を生やす、という意味である。移住先の国籍を取得していない華僑は前者、取得した華人は後者の生き方をすると比喩《ひゆ》される。

「わたしは会社を引き継いだときから、常に日中友好を重点的に考えてきました。どちらの生き方を選択しようと、われわれは一つにならなければなりません」

老華僑も新華僑も台湾系の人々も一つになってこそ、日中関係を発展させ、ひいてはアジアや世界の平和にも貢献することができるという信念に揺るぎはない。彼と同じ想いは着実に華僑華人社会全体に広がり、新たな未来を切り開きつつある。

## ■難民条約による国籍条項撤廃

韓国・朝鮮人と中国人を中心とするオールドカマーの環境は八〇年代に入り重要な転機を迎えた。その要因の一つは難民条約である。

七五年のベトナム戦争終結後、ベトナム、ラオス、カンボジアから多数の難民が国外に脱出した。日本政府は受け入れに消極的だったが、国際的な批判を受けたため、彼らに定住を認める方針を打ち出した。七九年に「経済的、社会的及び文化的権利に関する国際規約」（国際人権A規約）と「市民的及び政治的権利に関する国際規約」（国際人権B規約）を批准し、八一年に「難民の地位に関する条約」（難民条約）に加入した。

難民条約に加入すれば、内外人平等の原則に基づき、難民に対して自国民と同様の社会保障の権利を認めなければならない。そのため日本政府は「出入国管理令」を改正して「出入国管理及び難民認定法」とし、国民年金、児童扶養手当、児童手当などの国籍条項を撤廃した（八二年一月発効）。すなわち在日外国人に対する法的な差別制度は、難民問題を解決する延長線上でようやく改善されるようになったのである。

八四年には国籍法が改正され（八五年一月施行）、父母両系主義に変更された。つまり従来は国際結婚の場合、子どもは父親の国籍を受け継ぐことになっていたが、母親の国籍を選択することも可能になった。

在日韓国・朝鮮人の在留資格問題では、九一年一一月に施行された入管特例法によって、旧植民地出身者とその子孫には「特別永住」資格が付与されることになった。それまで「韓国籍」と「朝鮮籍」で差別化されていた在留資格が同じ資格に一本化されたのである。

## 3　ニューカマーの増加

### ■鎖国か開国か

日本にニューカマーが大量に入国し、外国人状況が劇的に変化したのは一九九〇年以後のことである。

すでに七〇年代後半からフィリピン人女性が興業ビザで来日し、強制的に風俗店などで働かされたり売春を強いられるといった「じゃぱゆきさん」問題が顕在化していた。八〇年代に入ると、外資系企業が日本に進出するようになり、欧米系やアジアＮＩＥＳ（新興工業経済地域）からビジネスマンたちがやって来た。八一年には厚生省を中心に中国残留孤児・訪日肉親捜しが始まり、残留孤児二五二四人と残留婦人など三八七三人が帰国（七二年の日中国交正常化から〇八年五月末まで）。残留孤児を育てた中国人家族も多数来日した。八三年、中曾根《なかそね》内閣が「留学生一〇万人構想」、すなわち二一世紀初頭において一〇万人の留学生受け入れを目指すという方針を打ち出してからはアジア各国の留学生・就学生が急増した。

日本経済は八〇年代に輸出が拡大し貿易黒字が膨張した。八五年のプラザ合意によって円高が進むと、内需拡大によって不況を乗り切ろうとしてバブル経済が沸騰した。労働市場では若年層が三Ｋ（きつい、汚い、危険）の仕事を嫌うため、中小企業は深刻な労働力不足に陥った。そこへフィリピン、タイ、中国、さらにはパキスタン、イラン、バングラデシュといった国々から労働者が流入してきた。彼らのなかには観光ビザで来日した後、超過滞在して資格外の労働をする者も少なくなかった。

日本は従来、専門技術者は受け入れるが、「単純労働者」は拒否する政策を取ってきた。しかし少子高齢化が進み、労働力不足が深刻さを増すなかで、「鎖国か開国か」という議論が起こった。そして政府はかつてなかった大胆な秘策を打ち出す。

■**還流する日系人**

政府は「出入国管理及び難民認定法」を改定し、九〇年六月から施行した。主な内容は、①非正規労働者を雇用した企業主を罰する規定を新設する、②ブラジルなどの日系人を就労面で何の制約もない「定住者」資格で受け入れる、③研修制度を改めて、研修生を労働力として活用しやすくする、というものだった。

とりわけ日系人の受け入れは労働市場に巨大な影響をもたらした。それまで一貫して単純労働者の受け入れを認めてこなかった政府が、産業界などの要望に添って、日系人の特別扱いに踏み切った狙いは、自民党機関誌『自由民主』(一九八九年一一月号)の記事に端的に表れている。

「労働開国反対論の大きな理由は、文化、風習の違うアジア人を大量に受け入れると人種差別など摩擦が起こりやすく、単一民族国家に近い日本の民族構成が崩れてしまうというものだ」が、「外国人労働者の受け入れに反対する人も、日本の風習を身につけた日系人なら特別扱いにそれほど文句はないだろう」。

ブラジル、ペルーなど、その昔日本から多数の移民を送り出した中南米の国々から、子孫たちが大挙して環流してきた。彼らは実質的な単純労働者として、自動車や電機などの下請け・系列企業に送り込まれた。特にブラジル人は、一九九二年末に一五万人弱だったのが二〇〇七年には三一万七〇〇〇人となり、中国人、韓国・朝鮮人に次いで在日外国人の三位になるに至った。

ブラジルはもともと大量の移民を受け入れる国だったが、八〇年代に経済危機に陥ったため、外国に働きに行く人が増加し、日本への「デカセギ」もブームになっていた。入管法の改定はデカセギブームに拍車をかけた。膨大な日系ブラジル人とその家族が日本に渡ってきた。

しかし日本側の事情を優先した日系人優遇政策は予想外の問題を派生させている。まず法的課題として、「定住者」資格を得られるのは日系三世までと、その未成年・未婚の実子であって、五世以後は一般外国人と同じ扱いになるため、成人になっても就労の自由はない。

また日系人の多くは二、三年働いてお金を稼いでから帰国するつもりで来日するが、思いもよらぬ民族差別や過酷な労働に苦しむ、子どもを受け入れる教育制度が整備されていない、予想どおりに収入を得られないため滞在が長期化する、といった難問に直面する。それに追い打ちをかけるように、〇八年秋以後、世界を巻き込んだ金融危機の影響で日系人解雇の嵐が襲いかかってきた。日本の社会保障制度からも排除され、日本に留まることも、帰国することもできずに途方に暮れる人々が続出している。

かつてヨーロッパでは、経済成長期に旧植民地や東欧などから大量の移民を受け入れた。当初は、移民は数年間労働して収入を蓄えれば帰国すると考えられていたが、次第に定住化が進んでいったため移民政策の大幅な改善を迫られた。いま同様の現象が日本で進行しつつあり、早急な対策が切望されている。

# 第三章　狭間に生きる人々

大阪生野・コリアタウン

## 1　日系ブラジル人少年殺人事件

### ■エルクラノはなぜ殺されたのか

思わず目を背けたくなるような写真。ベッドに横たわる少年の遺体は血にまみれ、胸、腰、太ももなど全身が打撲によって青く変色している。少年の名はエルクラノ・ルコセビシウス・レイコ・ヒガ。わずか一四歳の若さで日本人の若者らに命を奪われてしまった。

写真を見せてくれた西野瑠美子さんは、事件の顚末《てんまつ》を取材したルポルタージュ『エルクラノはなぜ殺されたのか』（明石書店）の著者である。「この事件は外国人に対する差別的土壌があるために引き起こされたのです」と重く語る。

愛知県小牧市。多数の日系ブラジル人が工場で働いている。一九九七年一〇月四日、沢田数馬（当時、一九歳。以下、少年らの名は仮名）ら四人が車を走らせていると、シルビアが猛スピードで追いかけてきた。助手席の男が窓から身を乗り出し、「馬鹿野郎！」というような言葉を吐き出しながらゴルフクラブのような物で数馬の車を叩いて走り去った。シルビアに乗っていた三人の外国人は札付きの連中だった。

頭に来た数馬は仲間を誘った。二日後の夜、二〇人ほどの仲間が金属バット、木刀、バール、鉄パイプなどを持って集合した。

ピーチライナー小牧駅付近ではブラジル人と日本人の少年少女が集まって談笑していた。そこへ来た数馬らが「シルビアのガイジンはどこだ」と聞いた。危険を察知した少年少女は逃げようとしたが、一人が捕まった。数馬らが手にした武器でめった打ちした。エルクラノは名鉄小牧駅内に逃げ込んだが、柳田と徳田に追いつかれ、金属バットで殴られた。駅員にしがみついて「タスケテクダサイ！」と叫んだが、「ほかのお客さんに迷惑がかかるから、早く出て行きなさい」とほったらかしにされた。

車に乗せられ、公園に連行された。数馬の仲間は二七人に膨れ上がった。容赦のないリンチが加えられた。健太郎のバタフライナイフがエルクラノの右足大腿《だいたい》に突き刺さった。血まみれになっても木刀や鉄パイプによる殴打は止まらなかった。良雄の跳《と》び蹴《げ》りを受けたエルクラノが仰向けに倒れた。後頭部を強く打ち、手足を痙攣《けいれん》させたまま動かなくなった。数馬らは不安になり車で逃げ去った。通りかかった学習塾講師がエルクラノを発見し一一九番に通報した。救急車は午後一〇時に小牧市民病院に到着した。

事件を知った父マリオと母ミリアンが病院に駆けつけたとき、集中治療室で手術が行われていた。そこへやって来た警官が真っ先に言ったのは「ビザを持っているか」だった。「ひどい、あまりにもひどい！」と叫ぶミリアンの目から大粒の涙が流れた。三日後、エルクラノの心臓は静かに鼓動を止めた。

事件後、マリオとミリアンは何度も警察に行き、「犯人を早く逮捕してほしい」と訴えた。しかし警察は「よくある普通の事件だ」と、なかなか積極的に捜査に取り組もうとしなかった。たまらなくなったマリオは街頭で署名運動を始めた。マスコミは当初「暴走族同士の抗争」と報道したが、ブラジル大使館が動き出してから警察もようやく重い腰を上げた。

この事件では、小牧駅での傷害・暴行について八人が逮捕、公園でのエルクラノへの暴行・傷害致死で五人（小牧駅事件の八人のうち二人を含む）が逮捕、起訴された。裁判の結果、最終的に次のような処分が出された。

・小牧駅事件＝中等少年院送致四人。懲役二年六月、執行猶予一人。保護観察処分一人。
・エルクラノ事件＝懲役三～五年四人。中等少年院送致の保護観察処分一人。

リンチに加わった総数は二七人だったが、逮捕されたのは一一人だけで、刑事裁判にかけられたのは六人にすぎなかった。最も重い刑でも懲役五年で、ほかの一六人は逮捕さえ免れた。欧米諸国では、ヘイトクライム（憎悪犯罪）、つまり人種差別や民族差別に基づく犯罪については刑が加重される。しかし日本ではヘイトクライムを刑罰として罰する法律がないため、民族差別については考慮されず、一般の傷害致死事件として取り扱われたのである。

### ■ブラジルに帰れ！

この事件は、事件そのものが衝撃的であるだけでなく、日系ブラジル人がたどる一つの典型像を浮かび上がらせる。エルクラノの家族はブラジルにいた頃、さほど家計が逼迫《ひっぱく》していたわけではなかったが、マリオが「将来、子どもの教育には大金が必要だから」とミリアンを説得した。マリオが日本で働くためには、日系三世である妻が同行しなければならない。ミリアンもデカセギに行く決心を固め、二人の子どもを姉に預けた。

マリオとミリアンは紹介業者に申し込み、大阪にあるコンピュータ部品の製造会社で働くことになると聞かされた。九一年九月、二人は日系二世の柳井夫妻らとともに成田空港に到着した。ところが紹介業者は突然、「大阪には仕事がないから、滋賀県の長浜に行く」と言いだした。しかも就職先が決まっているわけではなく、現地に着いてから探すという。やむなく長浜に向かい、自費でホテルに泊まった。一週間後に溶接会社で面接を受けたが、「柳井さんは高齢なので採用しない」と言われたので、マリオが激怒した。柳井さんが親戚に連絡を取り、岐阜県可児《かに》市で仕事が見つかった。

だがプラスチック容器の製造工場での仕事は午前八時から午後八時、午後八時から翌朝八時までの二交替制で、心身ともに疲れ果てた。ミリアンが「もう日本にいるのはイヤ！」というほどストレスがつのったため、会社を辞めた。

その後、職場を転々とし、九五年にマリオはリースパックの会社に就職した。ブラジルを出てはや四年が過ぎていた。ようやくエルクラノ（当時一二歳）とエイトール（当時六歳）を呼び寄せて一緒に暮らすことができた。

エルクラノは地元の中学校に編入し、明るくやさしい性格でクラスの人気者になった。が、日が経つにつれて学校生活に亀裂が生じてきた。何より言葉の壁が高かった。学校にはどの学年にもブラジル人生徒が二、三人いて、エルクラノも五人グループで集まるようになっていった。逆にクラスメートとのあいだに隙間《すきま》が広がり、「ブラジルに帰れ！」と言われて喧嘩《けんか》になることもあった。二年生になった頃、ブラジル人仲間と一緒に廊下で話をしていると、通りがかった教頭が言った。「君たち、学校を辞めなさいよ」

エルクラノは二年修了前に両親に「もう日本の学校には行かない」と言い、ポルトガル語の通信教育を受け始めた。両親が仕事に出ている間、家事をすべて引き受けた。が、少年にとって一日中家の中に閉じこもるのは苦痛だった。家計を助けたいとアルバイトを始め、少しの小遣い以外はすべて両親に渡した。

「もっと勉強したいけど、日本ではできないよ。ブラジルに帰って、ブラジルの学校で勉強して技術者になりたい」と胸のうちを打ち明けたのは事件の二カ月前のことだった。両親はすぐに賛成した。しかし別れの日が迫ってくると、ミリアンが寂しさに耐えられずに涙を流したため、エルクラノは帰国を一一月に延期した。そのことでミリアンは「あのときわたしが寂しいと言いさえしなかったら、こんな事件に遭わずにすんだかも知れないのに」と自分を責め続ける。

事件後、様々な改善の努力が行われ、日本人と外国人の共生も進展した。それでも失われた命が戻ることはない。

## 2　過酷な労働

### ■ロボットのように

二〇〇八年一一月、岐阜地裁に起こされた訴訟が地方新聞に小さく報道された。原告は日系ブラジル人女性と子どもの三人。岐阜県の人材派遣会社と派遣先の航空部品製造会社を相手取り、慰謝料など約八〇〇〇万円の損害賠償を求めた。

女性の夫は一九九二年に来日。九四年に派遣会社と雇用契約を結び、製造会社に派遣された。部品組み立てや修理などの仕事に従事していたが、二〇〇四年二月に突然作業中に倒れ、心臓死してしまった。夫は死亡する前の半年間にわたり、月に八〇時間を超える時間外労働が続いていた。悲しみにうちひしがれた女性は、すでに帰国していたが、〇八年四月に労働基準監督署に労災を申請し、認定された後、裁判に踏み切ったのだった。

この事件は決して特殊なケースではない。外国人が過剰な長時間労働、低賃金、雇用条件に関する基準の不備、流動的な地位、労働組合への未加入、不安定な生活といった問題に苦しむ例は無数にある。

厚生労働省によれば、〇九年一〇月末現在、外国人労働者数は五六万二八一八人（前年比一五・七％増）で、半数以上が従業員一〇〇人未満の中小企業で働き、約三割が派遣労働者である。国籍別では中国四四・三％、ブラジル一八・五％、フィリピン八・七％と続く。

日本の法制度の知識が乏しく、立場も弱い外国人労働者は、雇用主側の都合によって人権が踏みにじられがちである。企業側の論理からすれば、労働者はロボットのように、必要なときだけ作業させ、必要がなくなれば放棄する方が、都合がよい。

■社会保障のギャップ

「シェア＝国際保健協力市民の会」（東京都台東区）は発展途上国における地域保健活動とともに、国内での在日外国人の健康支援活動も行っているNPOであり、東京弁護士会人権賞や毎日国際交流賞などを受賞した。

国内保健事業アシスタントの山本裕子さんは「シェアでは在日外国人に対する無料出張健康相談会や電話相談などを行っていますが、健康保険に入っていない人や、健康診断を受けて病気が分かると仕事を辞めさせられるのを恐れて検査を受けない人がたくさんいます」と語る。

長時間の重労働や夜勤などで体を酷使したため重症や死に至る痛ましい例は随所で発生している。健康保険法や国民健康保険法には国籍や在留資格による加入要件は明記されていないため制度上はだれでも加入することはできるのだが、現実とのギャップがある。

外国人の場合、原則的には勤務先で社会保険に入ることになっている。だが社会保険に入ると健康保険料の半額を会社が負担しなければならないため、会社が加入をしぶる傾向がある。また外国人労働者自身が高額な健康保険料を負担できないため加入を避けることもあるし、オーバーステイの発覚を恐れて手続きしない人もいる。さらに一九九二年に出された厚生省通知によって、在留期間が一年以上の者に限って加入を認めるという制限が加えられ、短期労働者は国民健康保険の加入資格そのものがなくなった。

労働基準法については、国籍等による差別的な取り扱いを禁止しており、労働三法（労働基準法、労働組合法、労働関係調整法）や労働者災害補償保険法などは在留資格の有無にかかわらず、外国人にも等しく適用される。したがって非正規労働者であっても労働災害にあった場合は労災保険を受けることができ、その間は労働基準監督署から入国管理局へ通報を行うことはない。しかし外国人労働者は日本の制度に関する知識が少ないため、企業側が労災申請手続きを怠っても抗議できないまま泣き寝入りする例が後を絶たない。

生活保護については、国籍条項が存在するが、徐々に外国人にも弾力的に運用するように改善されてきた。しかし厚生省は九〇年に開かれた生活保護指導監督職の会議において、在留資格を持たない外国人には適用しないという口頭指示を出した。

## ■不況による首切り

日系労働者にとって最も恐ろしいのは職を失うことである。生まれ育った故郷を離れ、遠い異国に渡り、三Kといわれる仕事に耐えてきたのは、ひたすら金を稼いで将来に夢を託すからだった。なのに二〇〇八年秋から世界中に吹き荒れた不況の嵐のため、首切りの恐怖が押し寄せている。

静岡県浜松市にはスズキ、HONDA、ヤマハ発動機といった自動車やオートバイなどの輸送器機関連の大手製造工場があり、三万人の外国人が暮らしていたが、年末から各工場が数百人規模で派遣切りを行った。クビになると同時に寮やアパートから追い出される。ハローワーク浜松と浜松労働基準監督署、浜松国際交流協会は一二月から浜松外国人総合相談コーナーを設置し、求職や賃金未払い問題、生活相談に応じたが、仕事を見つけるのは至難の業だった。日本人の失業者も増え続けるなかで、小さなパイを奪い合うことになる。

失業した人々は、故郷の家族などに仕送りをして残ったわずかな貯金を取り崩しながら生き抜いている。運賃の安い航空便も取れなくて、ブラジルに帰るにも帰れない。日本の産業界全体に襲いかかった危機を迎え、出口の見えない状況にあえいでいる。

## 3　奴隷制のごとき研修・技能実習制度

### ■女性暴行・監禁事件

「まるで人身売買ですよ！」

東京・御徒町《おかちまち》駅の近くにある全統一労働組合を二〇〇八年九月に訪問したとき、書記長の鳥井一平さんが吐き捨てるように言った。そのわずか三週間前に起こった事件の顚末は次の通りである。

中国・湖北省の女性六人は外国人研修・技能実習制度で婦人子供服製造の技術を学ぶという希望に胸を膨らませて〇五年一二月に来日した。一カ月間日本語を学んだ後、研修生として山梨県のクリーニング会社に入った。ところが朝から晩までクリーニングの仕事ばかりさせられ、一度も縫製技術を学ぶことはなかった。一年後からは実習生に身分が変わり、同じ会社で勤務を続けた。一日一五時間以上働いて月給は五万円。平日は深夜〇時まで残業し、土・日にも仕事をすることが多かったが、残業代はわずか時給三五〇〜四〇〇円だった。

〇八年八月二〇日、六人は社長に会って労働条件の改善を求めた。二日後の早朝、社長と社員ら約一〇人が社員寮に乱入し、殴る蹴るの暴行を加えたあげく、六人をマイクロバスに押し込んだ。成田空港まで連れて行って帰国させようとしたのである。女性らは必死に抵抗した。ひとまず寮に連れ戻され「監禁」状態にされた。一人が寮の二階から飛び降り、足を骨折して入院した。ほかの二人は寮から逃亡し、ブドウ畑で一晩野宿した。通りがかった地元の人に助けられ、全統一労組の存在を知って助けを求めた。鳥井さんたちが急いで会社に向かったが、すでに三人の女性が強制的に帰国させられた後だった。

「パジャマ姿の女性たちの寝込みを襲って、無理矢理バスに乗せるというのはだれが見ても異常ですよ」と鳥井さんが憤懣《ふんまん》やるかたない口調で続けた。「五日後に社長がこの事務所に来たので、『もし相手が日本人でも同じことをするのか』と聞いたら、『やらない』と答えていましたよ」

　実習生は社長ら五人を刑事告訴した。「わたしたちは自尊心を傷つけられた。日本人と同じように、人間として扱ってほしかった」という思いを込めて。事件は中国でも広く報道され、インターネット上に「彼女たちを助けて」という意見が殺到した。そのため在日中国大使館員が彼女たちを訪ねてきて事情を聴取した。この事件は研修生・実習生の実態を露《あら》わにした氷山の一角にすぎない。

## ■尊厳を踏みにじられ

　本来外国人研修・技能実習制度は開発途上国への協力を目的に日本の技術、技能、知識の修得を支援する制度である。来日した外国人は受け入れ機関で一年間研修を受けた後に、同一機関（企業）と雇用関係を結んで二年間の技能実習を行うことになっている。しかしほとんどの場合、実質的には低賃金労働者として搾取されているのが実情である。

　全統一労組でボランティア活動をしている中国人の郭棟さんの体験は典型的な一例といえる。彼は八一年、山東省生まれ。高校卒業後、工場で働いていた頃、テレビなどで研修生募集の宣伝を見た。「技術を学びながらお金ももらえるのですごく良いと思った」と、すぐに中国側の送り出し機関に応募した。自費で日本語講習を受け、〇五年四月に来日した。

送り込まれたのは栃木県の農協だった。二〇人の研修生がいた。初めに三週間、日本語を学ぶことになったが、ほとんどが自習だった。その後、各農家に分かれていった。彼ともう一人が入ったのはビニールハウスでトマトやイチゴを栽培する農家だった。夏場は五時、冬場は七時から、一日一四、五時間働かされた。休日はまったくない。それでもあくまで研修期間は労働ではないと見なされ、「報酬」は月五万円で、残業の時給は三五〇円だった。

二年目に入ると実習生となるので「報酬」も上がるのだが、月一三万円の約束だったのに、家賃などを引かれて八万円しか受け取ることができず、残業の時給は五〇〇円だった。極端に低い報酬以上に耐えがたかったのは、人間としての尊厳を踏みにじられることだった。日本語を十分学んでいないのに、意思疎通が滞ったりするたびに大声で怒鳴られた。パスポートは取り上げられ、携帯電話やパソコンは禁止された。強制的に貯金をさせられ、通帳は預けたまま。遊びに行くどころか、外出さえできない。彼の婚約者も研修・実習生として来日していたのだが、二人は三年間、一度も会うことができなかった。

「日本に来る前は詳しい条件を聞いていなかったし、待遇が悪すぎると気がついても、途中で国に帰ることはできないんですよ」

彼は来日前に中国側の送り出し機関から、三年間の契約で二万元（約二七万円）の保証金が必要であり、もし三年以内に帰国すれば返却してもらえないと釘を刺されていた。そのうえ空港から飛び立つ直前になって、月々二万円の管理費を出すように言われた。そのため日本に到着後、農協側の指導員と話し合って、二万元の保証金と、二年分の管理費として一六万円を支払ったのだった。

彼は「日本は来る前にはすごくいい国と思っていましたが、実際に来てみてイメージが変わりました」とつぶやいた。彼の幻滅は大多数の研修生・技能実習生に共通した思いである。

■詐欺的手法

研修生・技能実習生の総数は〇七年末現在で約一七万人にのぼる。国籍別では中国人が七割を占め、ほかにインドネシア、タイ、ベトナムなどが続く。研修制度は六〇年代からすでに始まっていたが、八一年に入管法上の「研修」という在留資格が新たに設けられた。研修制度の推進団体として財団法人国際研修協力機構（JITCO《ジツコ》）も設立された。

当初の目的は開発途上国の人々に技術や知識を教え、それを帰国後に祖国で生かしてもらうことにあった。ところが経済団体などから研修生を労働力として活用したいという要望が高まったため、九三年に「技能実習制度」が追加された。すなわち一年間の研修が終了した後、「技能実習」という名目で引き続き二年間労働者として働かせることが可能になった。こうして研修一年、技能実習二年、計三年間の労働力確保というシステムが確立されたのである。

受け入れ方式は二種類ある。企業が独自に受け入れる形態を「企業単独型」、事業協同組合や商工会議所などがそのメンバーの企業等と協力して受け入れる形態を「団体管理型」という。

受け入れ可能な研修生数は、当初、受け入れ企業の常勤職員二〇人につき一人などと規定された。しかし団体管理型の方はしだいに要件が緩和されていった。また実質的な低賃金労働者を集めるためにあらゆる詐欺的手法が駆使されるようになっていく。たとえば、受け入れ企業数が多ければ研修生を増やすことができるため、ダミー会社を作る（分社化）、同一敷地内で複数の企業名を登録する、形式だけの協同組合を立ち上げて実務的なことは仲介業者に丸投げする。研修生に「研修」を行うという主旨は霧散してしまい、残ったのは現代の奴隷制度だった。

「研修生には女性が多いです。その理由は、職種で紡績や食品関係の工場などが多いという事情もありますが、もっと大きな理由の一つは女性の方が管理しやすいからです」と、大阪市中央区にある「すべての外国人労働者とその家族の人権を守る関西ネットワーク」（RINK《リンク》）事務局長の早崎直美さんが指摘する。

全国的に共通した人権侵害は、▽パスポートの取り上げ、▽長時間低賃金労働、休日労働、残業の強制（残業代は時給三〇〇～四五〇円程度）、▽各種名目によるピンハネ、▽預貯金の強制、▽携帯電話禁止、遠出禁止など、生活面での自由の拘束、▽罵声《ばせい》や暴行、脅迫行為、▽送り出し機関による保証金や違約金の徴収、などなどである。

ＲＩＮＫの存在を知った研修生や技能実習生が訪ねてくると、まず相手側企業に直接話し合いに行く。するとたいていの企業はあわてふためき、示談に応じるという。自分たちに落ち度があることを認識しているからである。が、なかには頑迷に突っぱねてくるケースもある。裁判を起こせば勝てるのが明白であっても、女性たちには力がない。在留期間が切れれば帰国せざるを得ない。泣く泣く日本を去る女性たちを見送る早崎さんの胸も張り裂ける。

〇八年六月、米国務省は世界の人身売買についての年次報告書のなかで、日本の研修・技能実習制度と関連して「(日本) 政府の法執行の意志欠如が深刻」と指摘した。

内外からの強い批判が噴出したため、政府・与党は改善策の検討を始めた。〇九年七月、新たな在留管理制度を導入する改正入国管理法などの関連法が参院本会議で可決・成立した。そのなかで、「研修・技能実習制度」の見直しも盛り込まれ、一〇年七月から施行されることになった。主な内容は、「研修」をなくして「技能実習」に一本化し、来日して講習を終え、技能修得期間に入った時点から労働関係法の適用を受けられるようにする、在留期間は最長三年に延長する、また国内の受け入れ機関に対する監督・支援体制を強化する、などである。

しかし受け入れ機関は全国に三万存在し、全機関を調べるのは不可能な状況にある。鳥井さんは「この制度に改善などあり得ない。制度自体を廃止すべきだ」と断言した。

## 4　オーバーステイの慟哭《どうこく》

### ■運命を分けた一斉出頭

いかなる理由であれ、人間を「存在してはならない者」として切って捨ててよいものだろうか。まして他人に迷惑をかけるわけでもなく、社会の片隅で密《ひそ》やかに暮らしている人々を。

日本に「不法滞在」している外国人は約一一万人と見られている。但し、国際的には、犯罪者のようなイメージをもたらす「不法」ではなく、「アンドキュメント」（非正規。未登録）という用語が使用される。

東京都板橋区にあるＡＰＦＳ（アジアン・ピープルズ・フレンドシップ・ソサエティ）は一九八七年に「新来外国人（ニューカマー）との自助——相互扶助に基づく、平和で明るい多文化共生社会づくり」を理念として発足した後、外国人のビザ問題や労働相談に尽力してきた。

代表の山口智之さんは「非正規滞在外国人は非常に過酷な条件のもとで生きている」と語る。取り締まり強化のため仕事を探す困難が増し、もし見つかっても、極端な低賃金、長時間労働で、健康保険もないような職場しかない。山口さんの知るバングラデシュ人の場合、ブローカーに一〇〇万円という大金を渡して日本に入国したが、どんなに働いて毎月送金しても借金が減らないと嘆いた。

「わたしたちは彼らに何とか在特（在留特別許可）を取らせたいと思って努力したんですが、入管の壁は高かった。そこで思いきって九九年に非正規滞在者の一斉出頭を行ったのが、壁を崩す大きな契機となりました」と、山口さんは感慨深げに当時を振り返る。

非正規滞在者の苦悩は、子どもができると一層深まる。無辜《むこ》の子どもが中学生頃になって、自分が「不法な存在」と分かったときのショックは余人の想像を絶する。そのため運を天に任せる覚悟で入管に自ら出頭する人々がいた。

九七年一〇月、中国籍の許さん家族五人が東京入国管理局に出頭した。二年後、大学一年生の長女だけに在特が認められ、両親と高校三年生の次女、小学校四年生の長男は入管に収容されてしまった。家族離散か、長女も含めた全員の強制送還かの選択が迫られた。APFSが協力して再審請願を提出し懸命の努力をかたむけた結果、二〇〇〇年に家族全員の在留特別許可が認められた。

非正規滞在者の定住化が進むにつれて、国際結婚や子どもの就学に関する相談が増えてきた。在特が認められるかどうかは、明確な基準がなく、法務大臣の胸三寸によるといわれてきた。ところが九九年頃になると、非正規滞在者が日本人や永住者の配偶者となれば許可を得られるケースが珍しくなくなってきた。

「非正規滞在者の合法化に向けて、行動を起こすべき時期が来たのではないか」というテーマが浮上した。個々のケースごとに一喜一憂するのではなく、多数の人々が一斉に出頭して世論に訴えかけようという問題を巡って真剣な議論が重ねられていった。

非正規滞在者の家族は、現在の生活に不便なだけでなく、将来の生活設計を描くことができない。いつまでも不安と恐怖にさいなまれているより、一斉出頭に加わりたいという希望者が十余家族、六十余人にのぼった。

九九年五月二日、「第一〇回移住労働者のメーデー」の場で、一斉出頭の計画が伝えられ、第一次出頭として五家族、二個人の二一人（うち子ども八人）、第二次出頭として五家族、一七人（うち子ども七人）が決定された。応援したいという弁護士二二人が「在特弁護団」に名乗りをあげた。

九月一日、東京入国管理局にあらかじめ連絡をつけていた二一人が到着した。入管史上初の集団出頭にマスコミが群がった。家族ごとに部屋を分けて調査が行われた。危惧《きぐ》された即時収容は一人もなかった。

出頭の模様は大々的に報道された。「不法滞在者」といえば恐ろしい犯罪者のようなイメージを抱いていた一般の人々は、テレビの画面で辛《つら》い心境を切々と語る「普通の人々」の表情に胸打たれたに違いない。また同じ境遇の非正規滞在者から問い合わせが相次いだ。

かつてなかった緊張感のなかで、第二次出頭は一二月に行われた。

二〇〇二年二月、まず第一次で出頭したミャンマー国籍のミンスイさん家族に対する決定が下された。退去強制だった。ミンスイさん家族の日本での生活は一〇年を超え、またミンスイさんは祖国の民主化を求める活動に参加していたため、帰国すれば迫害を受ける恐れがあるという事情は無視されてしまった。三歳の娘を抱いた母親は涙が止まらず、支援者たちは歯ぎしりした。その他の四家族は在特を得ることができ、個人出頭者の二人も仮放免が認められた。

六月には、第二次出頭者に対する裁定が下された。在特を獲得したのは、中学生の子どもがいる一家族だけだった。第三次出頭は七月に七家族、一個人の二六人が行った。こうして一斉出頭の結果は、最終的に一七家族、三個人、計六四人のうち、一〇家族、四二人（うち子ども二一人）が在特を獲得し、その他の人々は退去強制が言い渡された。定住と送還という両極端の決定が彼らの運命を分けたのである。

■在特の基準

「一斉出頭で得た成果の一つは、これまで法務大臣の裁量とされてきた許可の基準が見えてきたことです」とAPFSの山口さんは語る。

従来、法務省や入国管理局は在留特別許可に特別な基準はないと説明していたが、一斉出頭以後、変化が現れてきた。〇四年から在特が認められたケースをホームページに公表し始めたのだ。さらに〇六年には「在留特別許可に係るガイドライン」を公表した。

在特を認める積極的要素として、「本邦において定着性が認められ、かつ、国籍国との関係が希薄になり、国籍国において生活することが極めて困難な場合」という内容があげられた。具体的には、子どもが中学生以上の家族は認められ、小学生の場合は微妙、単身者の場合はきわめて厳しいと見られる。とはいえ一九九〇年代までは日本人と結婚したケースを除けばほとんど許可されなかったのが、二〇〇三年以後は許可が増え続け、一万件にのぼるようになったのは画期的な変化といえる。

「もちろん非正規残留外国人という人はいない方が望ましいのですが、現に日本で生活している以上、強制退去ばかりすべきではない。最近は日本での労働力不足のために移民を受け入れるという議論が盛んになってきていますが、すでに日本で長期間暮らし、日本語も話せるし、産業界にも貢献しているオーバーステイの人々をもっと活用すべきですよ」

外国人の入国を制限するのは主権国家の権限ではあるが、ひとたび入国した人々に対しては人道的な処遇をすべきだと、山口さんは力説する。

## 5　命を懸ける難民の道

### ■ベトナムからの脱出

グエン・ティ・フィさんは一九六一年、南ベトナムで生まれた。同年、アメリカが南北ベトナムの内戦に介入を開始し、凄惨な殺戮《さつりく》戦が拡大していった。幼い頃に家の側で爆弾が炸裂《さくれつ》した轟音《ごうおん》がいまでも耳にこびりついているという。

米軍が七三年にベトナムから撤退した後、北ベトナム軍と南ベトナム解放民族戦線の攻勢が激化。七五年にサイゴンが陥落し戦争は終結した。国土は社会主義国家として統一され、平和が取り戻された。ところが七八年にベトナムは隣国カンボジアのポル・ポト政権と対立し、武力侵攻に踏み出した。その翌年に技術大学に入学したフィさんは徴兵に直面した。

「戦争に行けば死ぬし、拒絶したら監獄に入れられます。それに、いくらポル・ポト政権が良くないからといっても、外国に攻め込むのは悪いことだと思いました。それで逃亡する決心をしたんです。後になって分かったことですが、あのとき戦争に行った高校の友達らは半数以上が戦死したそうです」

いつ逮捕されるか分からない恐怖におののきながら田舎に身を潜めた。一年ほど過ぎた八一年、親戚の人々が国外に脱出する決意を固めた。政治的迫害から逃れるためだった。フィさんも一緒に行く覚悟を決めた。購入した長さ九メートル、幅三メートルの小船に五〇人が乗り込んだ。

ボートピープルといえば、特定の国に亡命すると誤解しがちだが、決してそうではない。小船には目的国に向かうことができるエンジンなど備わっていない。夜中にあてもなく海へ乗り出し、一刻も早く公海上に辿《たど》り着《つ》くだけだ。その後は海上を漂流しながら、ひたすら外国船が救助してくれるのを待つのである。外国船と出会わなければ、死に至るしかない。

フィさんたちの乗った船は、出航して間もなく台風に巻き込まれた。大波に翻弄《ほんろう》された。食糧も水も、すべてを投げ捨てた。嵐が過ぎると、飢えと乾きにさいなまれた。遠くに船影を見かけたが、外国船は見て見ぬふりをして去っていった。そして絶望が忍び寄る五日目になり、ようやく外国船に救い出された。

一行は香港に到着した。そこで当局に希望国を告げて送ってもらうことになる。フィさんら三五人は日本を希望し、兵庫県姫路市のインドシナ難民センターに収容された。数カ月間、日本語の学習をした後、フィさんは大阪に行き、なんとか就職口を見つけた。

難民受け入れに消極的だった日本が難民条約を批准したのは、ちょうど同じ年の一〇月のことだった。フィさんはインドシナ難民として定住者資格を得ることができた。インドシナ難民については、日本は二〇〇五年までに一万一三一九人を受け入れた。

フィさんは一九八三年に日本在住ベトナム人協会を設立し、関西責任者となった。

「ボートピープルとして日本に来たベトナム人は関西に六〇〇人ほどいましたが、言葉や生活習慣も違うので、みんな孤独そうでした。住む所や就職の問題で悩んでいる人が多かったので、一緒に助け合う組織が必要だと思って協会を作ったんです」

九四年に同胞女性と結婚した。妻は国外に脱出したとき、実に四〇日間も海上を漂流した体験の持ち主だった。二人は四年後に、二〇年ぶりに里帰りし、家族や友人たちと再会した。涙があふれて止まらなかった。

■桁違《けたちが》いに少ない受け入れ

国連難民高等弁務官事務所（ＵＮＨＣＲ）によれば、「難民の地位に関する条約」で難民とは「人種、宗教、国籍、政治的意見やまたは特定の社会集団に属するなどの理由で、自国にいると迫害を受けるかあるいは迫害を受ける恐れがあるために他国に逃れた」人々と定義されている。武力紛争や人権侵害などを逃れるために国境を越えて他国に庇護《ひご》を求めた人々も含まれる。また、紛争などによって家を追われたが、国境を越えずに避難生活を送っている人々は「国内避難民」と呼ばれる。

ＵＮＨＣＲが支援対象者と見る人数は、二〇〇七年末現在、国外に逃れ難民となった人が一一三九万人、紛争や迫害によって国内避難民となった人が二〇二七万人に達した。特にアフガニスタン難民とイラク難民の増加が著しい。

世界は第二次世界大戦の惨禍に終止符を打って間もなく、新たに難民問題を生み出した。国連は一九五一年に「難民の地位に関する条約」、六七年に「難民の地位に関する議定書」を採択し、一般的にこれら二条約を合わせて「難民条約」と呼んでいる。

七五年にベトナム戦争が終結した頃、カンボジアやラオスでも政変が起こり、一四四万人が外国に逃れた。日本は当初難民受け入れに冷淡だったが、八一年に難民条約に加入し、インドシナ難民を受け入れた。それにともなって「出入国管理令」を改定し、「出入国管理及び難民認定法」とした。しかし日本は依然としてインドシナ難民以外の難民の受け入れには消極的である。二〇〇九年に難民申請した一三八八人のうち、認められたのはわずか三〇人にすぎず、年間二万人以上受け入れる米国や、一万人程度の欧州諸国と比べて桁違いに少ない。

数の問題だけではない。難民はすべてを失って国外に逃れたため、生活の術《すべ》が著しく欠如している。そのためたとえば、英国では政府が家賃や養育手当を負担し、オランダやデンマーク、スウェーデンでは地方自治体単位で難民の生活を守りながら融和政策を進めている。だが日本では原則的に難民申請中の就労は禁じられており、唯一の公的支援である外務省の保護費（一日一五〇〇円程度の生活費と月四万円の住居費）だけで生活しなければならない。難民認定においても、生活保障の面においても極度に低いレベルに留まっている。

## 6　DVに苦しむ女性たち

### ■暴力と在留資格剝奪《はくだつ》の恐怖

「以前、事務所に訪ねてきた女性を見て驚きました。顔に刀傷が刻まれていたんです。夫に切られたと。どうしてこんな目にと、胸が痛みましたね」

神戸市中央区に事務所をかまえる在日韓国人弁護士の梁英子《ヤンヨンジャ》さんは、女性の人権問題に重点を置いた仕事をしている。

「でもその女性は決して特殊なケースとは言い切れません。女性に対する暴力は外から見えにくいんですが、非常に悲惨なことが数多く起こっています。特に外国人女性は頼れる所がなくて苦しんでいる人がたくさんいるんです」

梁さんのもとには様々な女性からDV（ドメスティック・バイオレンス。家庭内暴力）の相談が持ち込まれる。とりわけ深刻なのは日本人男性と結婚した外国人女性たちである。アジア諸国で見合い結婚した夫が、妻をあたかもカネで買ってきた「物」のように扱おうとする。言葉や生活習慣の違いから、気に入らないことがあると暴言を吐き、暴力をふるう。別の女性を好きになれば、離婚して追い出そうとする。「日本人の配偶者」資格で来日した妻は、離婚すれば在留資格を剝奪され、生活基盤も子どもも奪われるため、歯を食いしばって耐えるしかない。

夫婦や恋人間の問題は、「民事不介入」という見地から長らく法律の枠外に放置されてきた。しかし女性国会議員らの努力によって、二〇〇一年にようやくDV防止法（「配偶者からの暴力の防止及び被害者の保護に関する法律」）が制定され、改善措置が取られるようになった。ＤＶが犯罪であることが明記され、警察や医師なども含めた職務関係者の義務が明示された。保護命令制度が設置され、暴力をふるった男性に対して裁判所が自宅退去や被害者への接近禁止を命じることができるようになった。

「ＤＶ防止法ができたのは画期的なことでした。でも、そのマニュアルは日本人被害者を想定したものばかりで、外国人の被害者は救済を求めるための情報を手に入れるのも困難なんです」

外国人女性の場合、もし訴訟に持ち込んでも、つたない日本語で自分の立場を訴えるのは難しい。離婚問題は民事なので、公的通訳制度もない。そうした現実を突きつけられた梁さんは、自分の弁護活動の方向を女性の人権問題に向けていったのだった。

「初めはまったく表情のなかった依頼人が、相談を重ねていくうちにだんだん変わっていくのが嬉しいです。自立の大切さを知り、また法的手続きのなかで、子どもと一緒に生きていくことができると分かってくると、笑顔が浮かぶようになるんですよ。わたしは今後も、あえて家庭の問題にこだわっていきたいと思っています」

柔和な瞳に、不当な暴力と闘い続ける強い意志が浮かんだ。

■シェルターへの避難

「国籍・在留資格にかかわらずすべてのDV被害者に適正な支援を！」という理念のもとに、「くろーばー」（大阪市港区）は外国人女性のエンパワーメントを目指す活動を行う。

事務局長の尾上皓美《おのえひろみ》さんは「外国人と女性の両方に専門性を持つ団体がなかったのが設立のきっかけでした」と語る。大学卒業後、商社勤務、中国留学を経て、二〇〇〇年から在日外国人の諸問題に取り組むNPO法人職員となった。が、在留資格、就労、子どもの教育、DVといった深刻な相談を受けて、いくら努力してもどうにもならないジレンマのために無力感にとらわれた。

八〇年代以後、日本人と結婚したアジア系女性が急増した。農村地域で行政の協力のもとに外国人女性を斡旋する所が増え、フィリピンやスリランカなどから女性がやって来た。九〇年代に入ると、興業ビザや観光ビザで来日した女性が日本人男性と結婚や同居する例が増加し、それと比例してDVも急増した。

二〇〇一年にDV防止法ができた後、〇七年に改正され、地方自治体に対し配偶者暴力相談支援センターなどの設置努力が義務付けられた。が、実質的には、売買春防止のために設置された婦人相談所が看板をもう一枚増やしただけで、外国人女性が相談に行っても十分な対応を得ることが難しかった。

外国人女性は、人種・民族差別と女性差別が重なった複合的な差別に苦しむことが多い。そのため尾上さんは、外国人問題とDV問題の両方に詳しい団体がなくてはならないと痛感した。〇二年に実行委員会を設け、移住女性DVホットラインを実施した。続いて〇三年に「外国人DV被害者支援ネットワーク・おおさか」を設立し、〇四年に現在の「くろーばー」に改称したのである。

「一般的に女性に対する暴力には、身体的、性的、精神的、経済的暴力の四種類ありますが、外国人女性の場合は、それ以外に文化的暴力や在留資格を利用した暴力が加わります」と尾上さんが説明を続ける。

文化的暴力といえば、「〇〇人のくせに！」とバカにする、料理を作ると「まずい！」と言う、宗教を無視し教会に行かせない、カトリック教信者なのに中絶を強要する、といった形態がある。在留資格関連でいえば、「ビザが目的で結婚したんだろう」「離婚したら日本にいられなくなるぞ」と怒鳴る。女性がオーバーステイなら「入管に通報するぞ」と脅迫する。

もちろん国際結婚によって幸せな家庭が築かれるケースは多数あるが、他方で、日本人男性が身勝手な都合のために結婚するケースも続出している。国際結婚仲介業者に依頼し、仲介手数料を支払うと、「結婚してやった」「女を買った」という歪《ゆが》んだ優越感を持ってしまう。尾上さんは裁判所での中国語通訳もしているが、離婚問題で裁判になったとき、結婚仲介業者が男性に向かってささやいた言葉が耳に入った。「ややこしい女は別れた方がいいですよ。もっと扱いやすい女の子を紹介してあげますから」

夫のDVから逃げたいという女性にはシェルターを紹介する。大阪の場合、府や市が運営する公的シェルターを無料で利用できるが、二週間以内に次の行き先を決めなければならない。行き場がないため夫のもとに戻る人もいる。民間シェルターを運営している団体もあるが、最小限の宿泊費が必要となるし、長期間住むことはできない。

離婚になると、外国人女性が直面する最も深刻な問題の一つが在留資格である。離婚すれば在留資格がなくなるため、日本に住み続けたければ、在留期間が残っているうちに在留資格を変更しなければならない。「定住者」資格に変更できる可能性はなくはないが、決して容易なことではない。

外国人ＤＶ被害者に対するサポート体制があまりにも貧弱な現状では、被害者は文字通り身の置き場がない。暴力から逃れるだけでなく、自立した生活を送れるようなセイフティネットが求められている。

## 7　潜行する人身売買

### ■トラフィック

二〇〇五年、英国アカデミー賞ＴＶ部門で八部門を制覇したドラマ『セックス・トラフィック』は国際的な人身売買コネクションの一端を暴き出した秀作である。「交通」や「貿易」と訳される「トラフィック」は、他方では「人身売買」を意味する。

東ヨーロッパの小国モルドバの姉妹は、豊かな生活にあこがれ、信頼する男の手はずでロンドンに向かう。ところが男の裏切りによってサラエボに売り飛ばされ、性奴隷にされてしまう。薄暗い売春宿。平然と娼婦《しょうふ》を殴り、脅す男たち。荒れた画面。あたかもスタッフが現場に潜行し、隠し撮りしたかのようなリアリティあふれる映像が映し出される。デビッド・イェーツ監督はこの作品によって話題作『ハリー・ポッターと不死鳥の騎士団』の監督に抜擢《ばってき》されることになった。

日本ではこうしたテーマの映画はほとんど見あたらない。むしろ『吉原炎上』（五社英雄監督）や『女衒《ぜげん》』（今村昌平監督）のように、人気絶頂の男女スターが出演する花魁《おいらん》や娼婦と客との悲恋物語といった作品がヒットする傾向にある。

日本は人身売買取引の重要な関係国の一つであることが国際社会では常識になっているといわれる。米国務省の『二〇〇七年人身売買報告書』の「日本」の項目では「二〇〇六年に法執行当局が確認した被害者の数はわずか五八人で、二〇〇五年の一一七人から低下した。この被害者数は、日本が直面していると思われる人身売買問題の規模から考えるとあまりにも少なすぎる」と批判された。

日本では一九八〇年代前半からフィリピン女性がエンターテイナーとして興業ビザで来

日し、実際はバー、クラブ、パブなどで接客業をしたり、セクシーダンスを行うケースが多くを占めた。八〇年代後半になると、タイからの人身売買被害者が増加した。八〇年代にアジアから来た移住女性の九割が性風俗産業で働かされたといわれ、その後は減少したものの、依然として高い比率を占めている。

彼女たちはブローカーと呼ばれる国際的な人身売買業者に利用される。日本で数年間まともな仕事をすれば大金を稼げるという甘言にのせられ、来日すると、渡航のために要した数百万円の借金があると宣告される。パスポートは取り上げられ、外出も禁じられ、風俗店での接客や売春を強制される。逆らえばむごい暴力が加えられる。

## ■被害者か犯罪者か

二〇〇三年、人身売買の防止と被害者の救援を目指す「人身売買禁止ネットワーク」(JNATIP)が設立された。三十余の関連団体が名を連ねる。その一つである「アジア女性資料センター」(東京都渋谷区)の本山央子《ひさこ》事務局長は「日本には一応人身売買を禁止する刑法はあったのですが、組織犯罪の取り締まりに重点が置かれて、被害者の保護という観点がなかったんです」と語る。

一九九〇年代に、管理売春を強いられた女性が経営者やブローカーを殺害する事件が相次いだ。九一年に茨城県下館市（現、筑西市）のスナックで殺人事件が発生したのをはじめ、千葉県の茂原市、市原市、東京都の新小岩などでも事件が起きた。九一年から九三年にかけてタイ人女性による殺人事件と事故は二〇件を超えた。その背景には、女性たちが架空の借金のかたに売春を強制され、肉体的にも精神的にも極限まで追いつめられた事実があったが、未成年者を除いて全員が実刑を宣告された。

警察の摘発によって、組織だけでなく、女性たちも逮捕される。オーバーステイ状態にされていた女性に対し、入国管理局は重大な犯罪者のように対応する。調査の段階で罵声を浴びせることもある。日本人男性にレイプされた女性の場合、裁判所で腰ひもに手錠がかけられた。

二〇〇三年に「ソニー」と呼ばれる日本人男性に対する判決が下された。彼は九六年からブローカーとして暗躍し、コロンビア人女性八〇人を全国の性風俗店やストリップ劇場に送り込んでいた。が、彼に対する判決は、懲役一年一〇カ月にすぎなかった。罪状は入管法と職業安定法違反のみ。多数の女性を売買して荒稼ぎした人身売買行為や、人間性を踏みにじる強制売春の行為は処罰の対象に含まれなかった。日本では人身売買が犯罪として位置付けられてこなかったからである。

女性の被害者は「被害者」としてではなく、「日本の治安や善良な性風俗を乱す者」として刑事処罰や退去強制の対象とされる。彼女たちを被害者として救済することは考慮されず、退去強制を実行すれば一件落着ということにされてきた。

「政府は二〇〇四年に『人身取引対策行動計画』を策定して、翌年に刑法を改正しましたが、あまりにも不十分です。加害者の罪は軽すぎるし、被害女性は婦人保護施設に保護されるようになりましたが、リハビリをしたあとは基本的に『国に帰っていただく』というものです。被害女性は大きなトラウマを抱えているし、もし帰国しても報復を受けたり、再び利用されたりする危険もあるのに」と、本山さんは不満を漏らす。

より痛ましいのはエイズを発症した女性たちである。二〇〇八年七月、タイのＨＩＶ陽性者を支援するＮＧＯ三団体が日本政府と長野県、茨城県に対し、外国人の治療体制の改善を求める要望書を提出した。三団体が公表したデータによれば、〇四年一〇月から〇五年三月までにタイ大使館が相談を受けたタイ人エイズ患者一三人のうち七人が死亡した。

二〇代のAさんの場合、亡くなった父親の借金を返すため、ブローカーの手引きで〇六年に来日したが、入国時点で四八〇万円の借金を背負わされた。長野のスナックに売られ、必死に働くうちにエイズが発症し、半身麻痺《まひ》になった。ビザは切れ、健康保険もないため適切な治療を受けることができなかった。知人の助けで大使館に連絡を取り、エイズ治療拠点病院で緊急手術を受けた。二カ月後、車椅子に乗って帰国し子どもと再会したが、五カ月後に命が尽きた。

国連は二〇〇〇年に国際組織犯罪防止条約（「国際的な組織犯罪の防止に関する国際連合条約」）を採択し、〇七年までに一三六カ国が同条約を締結した。しかし日本は〇三年に国会で同条約の締結を承認したものの、条約を実践するための国内法が国会で未成立のため、いまだに締結には至っていない。

## 8　地方参政権は住民としての権利

る。

### ■画期的判決

オールドカマーを含め、在日外国人の権利で長年懸案となってきたのは参政権問題である。

「わたしたちは日本国民でないことは確かです。しかし国民と、地方自治体に住む住民とは区別して考えなきゃいかんのじゃないか。国政選挙までは要求できなくても、地方自治体の住民としての権利はあってしかるべきだと思うんですよ」と、李鎮哲《イジンチョル》さんが在日外国人の地方参政権を求める裁判に立ち上がった動機を語る。

李さんは一九三〇年に山口県で生まれ、各地を転々とした後、福井県坂井郡で暮らすようになった。戦後は在日本朝鮮人連盟（朝連）や在日朝鮮統一民主戦線（民戦）の活動に参加しながらパチンコ店を経営。総連とも付き合いがあったが、北朝鮮への帰国事業を巡る意見の対立から離脱。民団に加入し福井商銀信用組合理事長や常任監事を歴任した。

九〇年頃から友人たちと参政権について話し合うなかで、訴訟の意志が固まっていった。九〇年九月、大阪の金正圭《キムジヨンギユ》氏が地裁に地方参政権を求める訴訟を起こした。李さんは「一歩遅れましてね。率直にいうと少し残念でした」と笑みを浮かべるが、その後、互いに連携を取り合い、李さんは九一年五月に福井地裁に提訴した。

李さんが訴えたのは、投票権だけに限る「選挙権」ではなく、被選挙権を含む参政権を求めるものであり、「参政権訴訟」と呼んだ。反響は予想を超えた。またたく間に支援団体ができ、多数の日本人が協力してくれたのは望外の喜びだった。

福井地裁は九四年一〇月、ほとんど国側の主張に基づいて李さんの訴えを棄却した。ところが判決文のなかで、「市町村レベルについては、定住外国人など一定の外国人の選挙権を認めることは、憲法の禁ずるものではなく、許容されている」という画期的な見解が示された。とはいえ国会が在日外国人の参政権を認める法律を作らない「立法不作為」の責任にまで言及されていなかったため控訴したが、九六年の名古屋高裁、二〇〇〇年の最高裁ともに退けられた。

## ■住民投票権の拡大

日本の参政権問題は、歴史的に関係の深い旧植民地出身者をめぐって変遷してきた。日本は日清戦争によって台湾を、日露戦争によって樺太《からふと》の南半分を獲得したのに続き、一九一〇年に韓国併合条約を結んで朝鮮半島を植民地とした。植民地の人々は大日本帝国の臣民、つまり日本人とされた。植民地では衆議院議員選挙の選挙区は設けられなかったが、選挙のない貴族院では朝鮮人や台湾人も議員に任命され、日本本土に移住すれば、衆議院議員選挙や地方議会選挙で投票することもできた。

四五年に太平洋戦争が終結すると、日本政府は一〇月、残留台湾人・朝鮮人に対し「選挙権、被選挙権を持つ者」と閣議決定した。しかし直後の一二月に衆議院議員選挙法を改正し、旧植民地出身者の選挙権・被選挙権については「当分のうちこれを停止する」と変更した。

朝鮮半島では四八年八月に大韓民国、九月に朝鮮民主主義人民共和国が建国され南北が分断された。中国では四九年一〇月に中華人民共和国が成立し、中華民国政府は一二月に台湾に移転した。

五一年九月、サンフランシスコ講和条約が調印され、五二年四月に発効した。日本が主権を回復すると同時に、旧植民地出身者は日本国籍を離脱するものと見なすという民事局長通達が出された。そして日本政府は、今度は旧植民地出身者が外国人となったことを理由にして、国民年金や国民健康保険などの社会的権利の対象外とした。その後、在日外国人に対する法的な差別制度は徐々に改善されていったが、参政権については未解決のままである。

九〇年代に入り、地方参政権問題が社会的に大きくクローズアップされた。大阪府・岸和田市議会が九三年に、政府に対し定住外国人への地方参政権を求める要望書を可決したのをきっかけに、全国の地方議会においても要望決議が相次いだ。二〇〇二年一月、滋賀県米原町（現、米原市）は周辺市町村との合併案が浮上したとき、「住民投票条例」を制定し、二〇歳以上で三カ月以上町内に在住する永住外国人に対して全国で初めて住民投票権を付与した。それ以後、外国人住民に住民投票権を与える条例を制定した地方自治体は二〇〇以上にのぼった。

地方参政権問題において、対象者の圧倒的多数は在日韓国・朝鮮人である。そのため反対派のなかには、在日韓国・朝鮮人の参政権要求運動に対し、「韓国でも外国人に参政権を与えていないではないか」という論理を利用する人もいた。ところが韓国では日本より先んじて外国人の地方参政権が実現された。二〇〇六年五月に行われた統一地方選挙で外国人が投票に参加したのである。一票を投じることができたのは永住資格取得後三年以上で一九歳以上の六七二六人（台湾人六五一一人、日本人五一人など）だった。

毎日新聞の〇九年一一月の全国世論調査では、在日外国人の地方参政権に対し賛成が五九％で反対の三一％を大きく上回った。しかし〇九年に政権を獲得した民主党は結党時から「定住外国人の地方参政権などを早期に実現する」という方針を掲げていたものの、自民党だけでなく、連立政権内部でも反対意見が強かったため法案の国会提出を見合わせた。

世界では約四〇カ国が外国人に参政権を与えている。EU加盟国の場合は、自国に居住する相互の国民に地方の選挙権と被選挙権を付与する。その他の国々では、二重国籍を認めているため参政権がさほど論点にならないケースもある。経済協力開発機構（OECD）加盟三〇カ国のうち、外国人に参政権を与えず、二重国籍も認めていない国は日本だけである。

## 9　テロ防止の名のもとに

### ■増える職務質問

「移住連はもともとオーバーステイの問題から始まっていろんな外国人問題に取り組むようになったんですが、数年前から警官による職務質問に関連した相談が増えていますね」と事務局次長の高谷幸《たかやさち》さんが語る。

移住連（移住労働者と連帯する全国ネットワーク。東京都文京区）は「移住労働者・移住外国人の権利を守り、その自立への活動を支え、多文化・多民族が共生する日本社会をつくる」ことを目指し、各地で活動している諸団体・個人を全国規模でネットワークする団体である。二〇〇五年一二月に「外国人・民族的マイノリティ人権基本法」と「人権差別撤廃法」の制定、「国内人権機関」の実現を目指すネットワークとして新たに「外国人人権法連絡会」が結成されたとき、移住連も共同代表や運営委員として参加した。

その外国人人権法連絡会が〇七年に出版した『外国人・民族的マイノリティ人権白書』(明石書店)に、高谷さんは「『外国人』に対する職務質問と治安政策」という論文を寄せた。それによると、「東京弁護士会外国人の権利に関する委員会」が〇六年一二月～〇七年一月に「外国人に対する職務質問」アンケートを行ったところ、有効回答数一二二通のうちで、最近三年間に職務質問を受けた経験がある者は五二%にのぼった。

警察官による職務質問は、警察官職務執行法で「異常な挙動その他周囲の事情から合理的に判断して何らかの犯罪を犯し、若しくは犯そうとしていると疑うに足りる相当な理由のある者又は既に行われた犯罪について、若しくは犯罪が行われようとしていることについて知っていると認められる者」に対してのみ許されている。にもかかわらず、駅構内(二六%)や路上(一六%)で、昼間(五二%)に、まったく異常がない状況で公然と行われていた。これは単なる偶然ではない。あの九・一一事件以後、テロ対策という名目のもとに外国人に対する取り締まり強化が図られたのである。

■犯罪者扱い

〇一年九月一一日、アメリカで発生した同時多発テロ事件は世界を震撼《しんかん》させた。ただちに国際的な反テロ闘争が開始された。ブッシュ米大統領は〇二年にイラク、イラン、北朝鮮の三カ国を「悪の枢軸」と総称し、世界をテロとの戦いの渦に巻き込んでいった。また愛国者法（反テロ法）を制定し、市民のプライバシーの制限、公安当局による盗聴、「あやしい」外国人の令状抜きの連行などを合法化した。

日本でも「反テロ」のために外国人を犯罪者のように見なす雰囲気が醸し出されていった。石原慎太郎東京都知事は前年に自衛隊員の前で「今日の東京を見ますと、不法入国した多くの三国人、外国人が非常に凶悪な犯罪を繰り返している」と発言して物議をかもしたが、〇三年八月には産経新聞に「いかなる政治をも信用しない中国人の極めて現実的なDNAはわが身の経済的状況の向上こそをほとんど絶対の目的とするが故にも、その格差を踏まえて大挙日本に押し寄せてき、その願望をかなえるためには堂々と盗みもする」と書き連ねた。

〇三年一〇月、東京都・警視庁・法務省は「首都東京における不法滞在外国人対策の強化に関する共同宣言」を発表し、入国管理局と警察の協力のもとにオーバーステイの摘発を強化する方針を打ち出した。同年一二月、犯罪対策閣僚会議は「犯罪に強い社会の実現のための行動計画」を決定し、今後五年間で「不法滞在者」を半減するという目標を掲げた。翌〇四年一二月には、政府の「国際組織犯罪等・国際テロ対策推進本部」がテロリストの侵入を未然に防ぐという理由で外国人の入国審査を厳格化する「テロの未然防止に関する行動計画」を策定した。

## ■北朝鮮バッシング

「反テロ」の旗印のもとに特に激しい集中攻撃を浴びているのは総連系の人々である。「核、ミサイル、拉致《らち》といった一連の問題でウリナラ（我が国）に対するバッシングが続いているため、同胞たちは閉塞感《へいそくかん》にとらわれています」と総連系の幹部が苦衷を吐露する。

北朝鮮の核疑惑問題が最初に表面化したのは八九年のことだった。以後、北朝鮮による九三年三月の核拡散防止条約（ＮＰＴ）からの脱退宣言（後に保留を表明）、五月のノドン発射実験と緊迫した状況が続くなかで、在日朝鮮人に対する攻撃が起こった。チマ・チョゴリの制服を着た女子生徒に対し、服を切る、殴打する、暴言を浴びせるといった事件が九四年四月から四カ月間で一六〇件も発生した。九八年八月、北朝鮮がテポドン発射実験（北朝鮮は人工衛星と発表）を行うと、二カ月間に朝鮮人学校児童生徒に対する暴言・暴行事件が五七件以上にのぼった。

二〇〇二年九月、小泉純一郎首相が北朝鮮を訪問し金正日《キムジョンイル》総書記と首脳会談を行った。席上、金正日総書記が特殊機関員による日本人拉致を認めた直後から北朝鮮バッシングが噴出し、同時に総連系の人々に対する攻撃が激化した。JR中央線や地下鉄内で女子生徒が制服を切られたり、男子生徒が男に顔面を殴打されたり等々……。「在日コリアンの子どもたちへの嫌がらせを許さない若手弁護士の会」が関東地方の朝鮮人学校を対象に行った調査によると、〇二年九月から半年間に児童生徒の一九・三％が被害を受けていた。

〇六年七月、北朝鮮が弾道ミサイル発射実験を行うと、政府は日朝間のチャーター便禁止、北朝鮮政府職員の入国禁止などの制裁措置を取った。万景峰《マンギヨンボン》号の入港が禁止されれば、北朝鮮を訪問するには中国経由の飛行機を利用するしかないため、多くの人が帰国した肉親の訪問を断念せざるを得なくなった。神奈川県の総連湘南《しょうなん》西湘支部では放火未遂事件が発生し、総連中央会館には切断された小指と脅迫文が送られてきた。

〇七年七月、参議院選挙で与党・自民党が惨敗を喫し、九月に安倍晋三首相は辞任を表明した。急遽登場した福田康夫首相も一年足らずで退陣し、〇八年九月に麻生太郎内閣が出帆した。

麻生首相は強硬路線を踏襲した。〇九年五月に北朝鮮が第二次核実験を行ったことを強く非難し、六月に「外国為替及び外国貿易法に基づく北朝鮮に係る対応措置について」を閣議決定した。これに基づき経済産業省は北朝鮮を仕向地とするすべての品目の輸出を禁止する等の措置を講じた。人道目的等に該当するものについては例外として取り扱うものとされていたが、一般の韓国・朝鮮人や日本の市民、社会団体が送ろうとした郵便物や衣服、生活用品なども各地の税関で止められ送り主に返送された。

「もちろん拉致事件はあってはならないことですが、そのために同胞や子どもたちが被害を被るのは残念でなりません。それでも同胞たちは訴えていく所もない状況ですよ」と総連幹部がつぶやいた。

〇九年八月、衆議院選挙において与党が惨敗し、民主党・鳩山由紀夫内閣が誕生した。

しかし鳩山首相も米軍普天間基地移設問題等で支持率が急落し、わずか八カ月で一〇年六月に辞任。菅直人新首相が後を継いだが、新政権がどのような北朝鮮政策を打ち出すのか、まだ不透明である。

## 10　管理体制の強化

### ■外国人雇用の報告義務化

在日外国人に対する管理体制は濡れた真綿のごとくじわじわとクビを締め付けてくる。私は以前、東京のホテルで宿泊手続きをしたとき、「パスポートか外国人登録証のコピーを取る」といわれて驚いたことがあった。

実は、国際組織等・国際テロ対策推進本部の決定に基づき、〇五年四月一日から「旅館業法施行規則の一部を改正する省令」が実行に移され、「日本国内に住所を有しない外国人の方が旅行・ホテル等に宿泊される場合には、宿泊者名簿に、国籍及び旅券番号を記載」し、さらに「旅券の写しの保存」を求めるようになったのである。私の場合は在日の特別永住者なので対象外になるのだが、ホテル側はおかまいなしにコピーを取ろうとする。

また〇七年一〇月には「雇用対策法及び地域雇用開発促進法の一部を改正する法律」が施行され、特別永住者と一部の在留資格の者以外の外国人を雇用するすべての事業主に対し、厚生労働大臣（ハローワーク）へ届け出ることが義務付けられた。報告を怠ったり、虚偽の届出を行った場合には、三〇万円以下の罰金が科せられる。

旅館業法にせよ雇用対策法にせよ、外国人の心を逆なでするものだが、日本人は対象外なのでほとんど社会的な注目を集めないまま制定されてしまう。そして在日のみならず、海外から来る外国人の心をまで逆なでするのが、〇七年一一月から開始された新入国管理制度である。

**■復活した指紋押捺**

〇七年一一月にオーストラリア人の大道芸人のブッチ・リードさんから電話がかかってきた。母国でコメディアンとして人気を博した彼は、一九九二年に来日し、劇場や広場でショーを行ってきた。いつもは巧みな大阪弁のジョークを飛ばすのに、口調に怒気があふれていた。

「今月から空港で外国人から指紋を採るようになるらしいけど、これって、差別ちゃうの！」

さっそく知り合いの新聞記者に声をかけて一緒に会った。

「無理矢理指紋を採るなんて、まるで犯罪者扱いじゃないの。国際的な人権基準からはずれているよ！」

憤懣やるかたない表情で語ったコメントが毎日新聞に掲載された一一月二〇日、新たな入国審査制度が全国の空港と海港でいっせいに開始された。外国人は日本に入国する際に指紋押捺と顔写真撮影に応じなければならなくなったのである。アメリカが同様の制度の「US－VISIT」を〇四年に導入してから世界で二カ国目だった。

一六歳以上の外国人は両手人さし指の指紋を採られ、顔を撮影される。情報は法務省のサーバーセンターで蓄積されたデータと照合され、問題があれば、退去命令を受けたり、警察に引き渡されたりすることになる。当然、拒否すれば入国することができない。対象外とされるのは外交・公用の来訪者、および「特別永住」資格を持つ在日韓国・朝鮮人などに限られる。それ以外の人々は、たとえ日本に家庭や職場があり、永住権を取得していても、いったん海外に出れば、再入国するたびに毎回同じ手続きを踏まなければならない。

以前在日外国人には外国人登録証を更新するたびに指紋押捺が義務付けられていたが、一九八〇年から大規模な反対運動が湧き起こったため、日本政府は徐々に改善を進め、二〇〇〇年に入管法上の指紋押捺制度を全廃した。なのにわずか七年後に悪《あ》しき制度が復活した。生体情報は法務省入国管理局で無期限に管理され、警察から照合があれば犯罪捜査にも使われる。

新制度では自動化ゲートも導入された。日本人および再入国許可を受けた日本在住外国人が事前に入国管理局などにパスポートと二本の指の指紋を登録しておけば、出入国の際にパスポートと読み取り装置で本人確認が行われて自動的にゲートが開かれるというものである。便利さだけが強調され、外国人も日本人もたくみにプライバシーや人権を搦《から》め捕《と》られていく。

新制度は政府が〇四年に策定した「テロの未然防止に関する行動計画」に盛り込まれた

ものだった。しかし専門家のなかには、日本にテロリストの情報がほとんどないのにどうやって照合するのか、という指摘もある。実のところ、法務省自身もテロ対策より非正規の入国者を防ぐ効果を狙っているというのがホンネと思われる。

この制度の取材にあたった英字新聞ジャパンタイムズ大阪支社編集部次長のエリック・ジョンストンさんは「日本政府はテロリストの入国を防ぐためと説明していますが、先に導入したアメリカでは、多くの専門家が『設備強化が効果的という根拠は不明だ』と見ています。これはテロ防止のためではなく、外国人を管理するためのものです」と憤慨する。

アメリカでは九・一一事件以後、反テロ世論が沸騰する流れに乗って同様の制度が実行された。アメリカ国土安全保障省は、制度が始まってから危険と見なされた二〇〇〇人以上の入国を拒否したというが、そのなかにテロリストがいたという報告は一つもなかった。また司法省の監督官の報告では、テロと関係のある人物として集められた監視リストを抜き出して調べたところ、三八％もの誤りが見つかった。

## ■在留管理情報の一元化

在日外国人をめぐる大きな地殻変動のなかで、政府は外国人管理政策の大幅な改編に踏み出した。その柱となるのは、従来の外国人登録証に替わる「在留カード」の発行をはじめとする入管法の改定と、「外国人台帳制度」の新設である。

〇九年七月、参院本会議において「出入国管理法」「住民基本台帳法」などの改定案が可決・成立した。これによって従来の外国人登録制度が廃止され、新たな在留資格制度が三年以内に施行されることになったのである。この制度は、もともと〇五年七月に犯罪対策閣僚会議のもとに「外国人の在留管理に関するワーキングチーム」が設置されたことに基づいたものであり、外国人に対する管理強化の方向性が明瞭に表れている。

これまで外国人の在留管理は、入管法に基づく入国・管理関係の許可の手続きは入国管理局が行い、外国人登録法に基づく外国人登録制度は市区町村が行うという二元的なシステムになっていた。これを抜本的に改め、在留管理に必要な情報を法務省が一元的に把握する制度を構築した。要するに外国人の情報をすべて法務大臣が掌握するようにしたわけである。

外国人については、①特別永住者（旧植民地出身者とその子孫）、②中長期滞在者（特別永住者、三カ月以内の短期滞在者以外の外国人）、③非正規滞在者（難民申請者、「不法」在留者など）三種類に区分する。そして①には「特別永住者証明書」、②（一六歳以上）には「ＩＣ在留カード」を交付し、①・②の人々の情報は住民基本台帳に記載する。一方、③の人々には在留カードを交付せず、住民基本台帳にも記載しない。
①の特別永住者に交付する特別永住者証明書には、従来の外国人登録証と同じように氏名・生年月日・性別・国籍・住居地などが記載される。世論の反対が強かったため常時携帯義務は削除されたが、証明書の記載事項の変更などを期限内に申請しなければ処罰を受ける恐れがある。
また外国人は国外に出る場合、あらかじめ日本に再入国するための「再入国許可」を取っておく必要があるが、新制度では、特別永住者については出国後二年以内に再入国する場合には許可が不要（みなし再入国）となり、再入国許可の有効期限はこれまでの「四年」から「六年」に伸長することになった。但し北朝鮮の旅券については「有効な旅券」とし

て認定していないため、「みなし再入国許可」の対象から除外し得るという表現が明記された。

②の中長期滞在者に交付する在留カードには氏名・生年月日・性別・国籍・住居地・在留資格・許可の種類などが記載され、写真が表示されるだけでなく、ICチップも登載される。入管側は、在留期間を「三年」から「五年」に伸長するとか、再入国許可制度を見直し、出国後一年以内に再入国する場合には許可を不要とし、再入国許可の有効期限を「三年」から「五年」に伸長するといった「利便性」を強調する。

しかし中長期滞在者は、住居地を定めてから一四日以内に市区町村に届出を行い、その後も内容に変更が生じるたびに一四日以内に地方入国管理局などに届出をしなければならない。届出義務や、在留カードの受領・携帯・提示の義務に違反すれば刑事罰が科せられる。住居地の新規および変更の届出を九〇日以内にしない場合や、配偶者の身分がなくなった場合は、在留資格が取り消される。たとえば、日本人や永住者の妻が夫の死亡やDVによる離婚などのために「配偶者の身分を有する者としての活動を継続して六カ月以上行わないで在留」した場合も在留資格が取り消されるわけである。

また新制度は、中長期滞在者が所属する私企業や公共団体、宗教団体、研修生・実習生受け入れ機関、日本語学校、大学などに対して就労、研修、就学状況を報告させる義務を課した。

一方、市町村側は、外国人が市町村の窓口で届出した内容に基づいて居住地情報などを在留カードに記載し、それらと法務省から提供される情報をもとに住民台帳を作成して法務省に通知する義務を負う。

こうした一連のシステムは特別永住者や中長期滞在者にとっても大きな負担になるが、最も被害を受けるのは③の非正規滞在者である。従来は、たとえ非正規滞在者であっても外国人登録証を取得し、最小限の行政サービスを受けることができたのだが、新制度ではそれもできなくなる。たとえば子どもの通学、郵便貯金口座の開設、不動産契約といったことも困難になる。また四六時中、いつ逮捕され、強制送還されるか知れない恐怖に怯《おび》え続けなければならない。

一〇年一月に、新制度立案に携わった官僚から直接話を聞く少人数の懇話会が開かれ私も参席した。官僚は、「従来の外国人登録法は終戦直後に在日朝鮮人を管理するために作られたものだった。しかし外登法と入管法の二本立てではニューカマーが増加した現状に対応できなくなったため、治安関係面と行政サービス面を考慮」して新制度案を作ったと語った。

たしかに管理一色に染まっていた従来の制度に比べれば行政サービス面で改善された部分も散見できるが、参加者のなかからは「日本人なら過料ですむ届出違反に刑事罰を科すのは外登法と同じだ」、「特別永住者とその他の外国人に差をつけるのは分断をはかるものだ」、「非正規滞在者の人権が無視され、子どもが学校にも行けなくなる」といった批判が相次いだ。つまるところ、新制度にも外国人を日本社会の住民としてより、管理・監視すべき対象と見なす観点が貫かれているのであり、そのため多くの外国人団体や日本のNPOなどから反対の声が上がっている。

# 第四章　教育の現場にて

神戸南京町

## 1　民族の心を育む外国人学校

### ■各種学校の位置付け

子を持つ親にとって最大の関心事は教育問題である。が、決して特別なエリートコースを望むわけでもなく、ただ「わが子を○○人として育てたい」と思うだけでも、外国人という理由のために、ごく当たり前の教育を受けにくい実情がある。

二〇〇八年末現在、在日外国人のうち学齢期の子どもはおよそ一七万人と見られる。しかし外国人の子どもたちの就学状況を正確に把握するのは困難である。なぜなら文部科学省は、外国人の子どもには義務教育が適用されず、本人や保護者が公立学校への入学を希望すれば恩恵的に受け入れるという立場を堅持し、公立学校や外国人学校等での外国人の子らの就学状況に関する調査を行ってこなかったからである。

日系人の子どもの不就学問題が深刻化したため、ニューカマーが集住する自治体を中心に不就学実態調査に着手したのは〇五年のことだった。その後、公立学校等に通う、日本語指導が必要な外国人児童生徒の調査などが行われるようになってきたが、総合的な実態はいまだに明確になっていない。

外国人の教育問題に詳しい朴三石《パクサムソク》氏の著書『外国人学校』（中公新書）によれば、日本の学校に在籍する外国人児童生徒数（〇五年五月現在）は七万六四八一人であり、外国人学校で学ぶ子の数は民族学校と国際学校（インターナショナルスクール）を合わせて三万四〇〇〇人とされる。外国人学校の数は〇七年末現在で二二一校、そのうち民族学校が一八八校、国際学校が三三校だった。但し、民族学校のうちブラジル人学校が九五校、ペルー人学校が三校を占め、そのほとんどは各種学校の資格もない私塾扱いになっている。

外国人学校をめぐる最大の問題は、日本政府が外国人学校を正規の学校として認めていないことである。

学校教育法は第一条で「学校とは、幼稚園、小学校、中学校、高等学校、中等教育学校、特別支援学校（注、旧法の盲学校、聾《ろう》学校、養護学校）、大学及び高等専門学校とする」と定めており、これらの公立学校や私立学校は「一条校」と呼ばれる。他方、同法第一三四条は「第一条に掲げるもの以外のもので、学校教育に類する教育を行うもの」（専修学校の教育を行うものを除く）を各種学校と規定している。つまり各種学校とは、短期間内に特定の技能を修得するのを目的としている所であり、料理学校や洋裁学校などが含まれる。

ところで多くの民族学校や国際学校は修業年限、授業時数、学生数などあらゆる点で一条校に準じた普通教育を実施しているにもかかわらず、各種学校と位置付けられている。そのため一条校とは異なる様々な法的差別を受けているのである。

その実情を理解するためには、まず長年外国人学校のなかで最も多数を占めてきた朝鮮人学校の状況を知る必要がある。

## ■減少する朝鮮人学校

「わたしは、教員は一生の仕事やと思ってきました。食べる物がなくても、給料が滞っても、四十数年やってこれたのは家族と先生方や保護者、子どものおかげです。それがわたしの『心の勲章』です」

過ぎし日々を懐かしげに回顧する余日花《ヨイルファ》さんの半生は朝鮮人学校の歴史を物語る典型と

いえるだろう。

余さんは一九三〇年に大阪市城東区で生まれた。日本の学校では軍国主義一辺倒の教育を受けたが、四五年に祖国が解放されると、全国的に作られた国語講習所に通い始めて祖国の文字や歴史を学んだ。民族的自覚に目覚めた彼女は、生野第十朝鮮小学校の教師になって以後、各地の初級・中級・高級学校で教鞭《きょうべん》を執り続けた。

朝鮮人学校は四八、四九年に強制閉鎖された後、五〇年代から再建運動が進められ、七〇年代には初級、中級、高級学校から大学校まで一〇三校（初・中・高校併設校を一校と数えた数）に約二万人の児童生徒が在籍するまで発展した。しかしその後、運営難のため学校の統廃合が進み、いまでは六九校（単独幼稚園を含む。総連ホームページ、二〇一〇年六月）にまで減少している。

■**少額の助成金**

外国人学校に対して一条校に準じた処遇を求める運動はもっぱら朝鮮人学校を中心に進められてきた。民族教育権を守りたいという切実な声は広範な世論を喚起し、かつて存在した差別制度が徐々に是正されていった。

たとえば以前、朝鮮人学校生はＪＲの通学定期券を利用することができなかったが、八七年に千葉朝鮮初中級学校オモニ（母親）会が是正運動に立ち上がったのをはじめ、九四年一月には全国で六〇万人以上の署名が寄せられた結果、ＪＲ旅客六社が九四年四月から朝鮮人学校生にも通学定期券を発行するようになった。

また以前、朝鮮人学校生はスポーツの公式試合に出場することができなかったが、九〇年に大阪朝鮮高級学校女子バレーボール部が大阪高体連に加盟申請したのをきっかけに「子どものスポーツの世界まで差別するのか」という世論が沸騰し、高体連は九四年から朝高のインターハイ出場を認めた。

もう一つ、以前朝高生は大学や大学入学資格検定（大検。現、高等学校卒業程度認定試験）の受験においても著しい制限を受けていた。この問題では国連人権委員会などでも強い批判が繰り返されていた。二〇〇三年三月、文科省は改善措置を公表したが、その内容は欧米系国際学校一六校の出身者のみに大学入学資格を認め、アジア系の朝鮮人学校や韓国学校、中華学校は除外するというものだったため抗議が殺到した。そのため文科省は改めて八月に一定の条件付きで朝鮮人学校などにも入学資格を与える措置を発表し、ようやく一応の解決にいたったのである。こうして朝鮮人学校の努力によって改善された制度は、当然他の外国人学校にも適用されるようになった。

現在、外国人学校を最も苦しめている差別制度は教育助成金問題である。教育事業には莫大な経費が必要であるため、国および地方自治体は、公立学校はもちろん、私立学校に対しても多額の補助金を支給しているが、文科省はほとんどの外国人学校に対して国庫補助を拒否してきた。

子どもが公立学校に入学すると、国と地方公共団体が負担する年間の公財政支出教育費は一人当たり幼稚園約六九万円、小学校約八九万円、中学校約一〇三万円、高校約一一五万円になる（文科省『データからみる日本の教育２００８』）。

私立学校の場合は、私立学校経常費補助として児童生徒一人につき幼稚園約一六万円、小学校約二八万円、中学校約二九万円、高校二九万円（二〇〇七年度）が拠出されるほか、保護者の負担軽減や、多目的室、図書室の整備などに対する補助制度もある。

しかし外国人学校に対しては、国からの助成金は皆無であり、都道府県と市町村からの助成金も少額に留まる。朝鮮人学校の場合、全国平均は八〜九万円で、公立学校のおよそ一〇分の一、私立学校の四分の一にすぎない。

必然的に外国人学校や朝鮮人学校は授業料が高くなり、国際学校では年額一〇〇〜二〇〇万円になるところが多数を占める。朝鮮人学校では、月謝を二、三万円に抑えているが、教員の薄給、遅配や、建物・設備の老朽化といった悩みが尽きない。

そのため朝鮮人学校などでは保護者や地域の同胞の寄付に大きく依存している。しかしそうした寄付に対しても、文科省は厳しい枠を設けている。正規の普通学校であれば、企業や個人が寄付をすると税制上の優遇措置を受けられるのだが、各種学校の場合は、免税措置の対象外とされる。

子どもの教育のための寄付に対しては優遇措置を受けられるようにするべきだという要望が大きかったため、〇三年三月三一日、財務省は法人税法と所得税法の各省令を改定し、「初等教育または中等教育を外国語により施すことを目的」とする各種学校を特定公益増進法人に加えた。特定公益増進法人とは、教育や科学の振興などの公益の増進に寄与する団体であり、これらの法人に対する企業や個人の寄付は免税対象になる。ところが同日、文科省は対象となる外国人学校については、①国際的な学校評価機関および国際バカロレア事務局により認定された学校、②そこに学ぶ児童生徒が外交・公用・家族滞在の在留資格を有すること、という条件を付けた。つまり一定の国際学校だけが対象とされ、またもやアジア系学校などは排除されたのである。

## ■高校無償化からの排除

〇九年秋、川端達夫文科相は翌年四月から公立高校生の授業料を無償化し、私立高校生の世帯には年一二万円（低所得世帯は最大二四万円）を助成する方針を打ち出した。対象者には専修学校の高等課程の生徒や外国人学校生徒も含むとしたため、全国に一〇校ある朝鮮高級学校の関係者は喜びに包まれた。

ところが中井洽《ひろし》拉致問題担当相が、拉致問題と関連付けて朝鮮高級学校を除外するよう文科省に要請したことから問題がこじれた。

川端文科相は「外交上の配慮は判断材料にしない」と述べ、福島瑞穂《みずほ》少子化担当相（社民党党首）、亀井静香金融・郵政改革担当相（国民新党代表）らも政治と子どもの教育は別問題として朝鮮人学校の排除に反対した。

日本弁護士連合会をはじめ全国の諸団体が反対声明を出し、朝日・毎日・読売新聞も反対論の社説を掲載した。しかし鳩山由紀夫首相は一〇年三月、日本と北朝鮮間には国交がないため、朝高が日本の高校に類するといえるかどうかを公的に判断することができないという論理を持ち出して否定的な見解を示した。

結局、高校無償化は四月から実施され、インターナショナルスクール一七校、ブラジル人学校八校など計三一校が対象となったが、朝高については当面対象外とし、第三者機関を発足させて「日本の高校に類する教育」が行われているかどうかを判断することになった。

ちょうど問題が先鋭化した時期に開催されていた国連の人種差別撤廃委員会は、三月一七日(日本時間)に日本の人権状況についての見解をまとめた報告書を公表した。報告書は、朝鮮人学校や中華学校が差別的取り扱いを受けていること、および高校無償化の法改正において朝鮮人学校排除の提案をする政治家がいることに対し懸念を表明した。

朝鮮人学校や外国人学校に対する諸々《もろもろ》の差別制度に対しては、すでに国際人権規約の自由権規約委員会、社会権規約委員会、子どもの権利条約委員会、人種差別撤廃委員会などにおいても繰り返し是正勧告が出されてきた。にもかかわらず日本政府はまたも新たな差別を追加したのである。

以上のほかにも、外国人学校は学校給食や学校保健、学校保険、各種奨学金制度などから排除されている、学校付近に交通安全のための「学童注意」「通学路」といった道路標示さえ付けてくれない、といった差別もある。

日本に中華学校は五校存在する。中華学校も各種学校扱いであるため、朝鮮人学校と同様の処遇を受けている。ただ、中華学校の場合は、幼稚園から中学課程までのみで運営されているため、高校無償化問題の枠外となる。また華僑華人数に比べて学校数が少ないことや、中国の国威が高まったこともあって児童生徒数が増加する傾向にある。

いま最も厳しい状況に追い込まれているのは朝鮮人学校である。学校の統廃合が続き、児童生徒数が減少する原因としては、一、二世から三、四世への世代交代、民族意識の希薄化などがあげられるが、より直接的には財政難による運営の困難がある。「子どものために民族教育を守ろう」と努力を傾けた人々の熱意は限界に達しつつある。

余日花さんは「どんな苦しいなかでも、学校を守るためにやってる保護者の気持ちをもっと尊重して、日本の政府ももっと考えてくれてもいいんじゃないかな。現実に、この子どもたちは未来に日本で生活していくんだから。民族教育に対する法的差別や制約を撤廃し、制度的保障をしてくれることを願っています」と訴える。

## ■韓国学校の歩み

日本にある韓国系の学校は四校である。そのうち東京都新宿区にある東京韓国学校だけが各種学校で、その他の三校は一条校＝私立学校の資格を取得している。

東京韓国学校は民団中央本部によって一九五四年に初・中等部が創立された。五五年に各種学校の認可を受けた後、五六年に高等部が設置され、六二年に韓国政府からも認可を受けた（一〇年四月現在の児童生徒数は計一一三四人）。

同校は各種学校であるから、朝鮮人学校と同様に助成金などの差別を受けている。同校の顕著な特徴は、在日同胞子弟の教育機関として設立されたものの、もともとの在日韓国人の子どもは一〇％にすぎず、韓国企業や公館駐在員の子どもが五〇％、韓国出身の定住者の子どもが四〇％を占めていることである。校長は六八年以後、韓国から派遣されている。

駐日の子らの比率は八〇年代末期から急増し、それにともなって教育内容にも変化が現れてきた。在日の親は、子どもが日本で生活していくのに必要な学習を望むが、本国出身の親はいずれ帰国する子どものために、本国でも通用する学習を行うことを希望する。もちろん本国の子どもたちが入学すること自体は歓迎すべきことだが、結果的に在日の子の比重が極度に低下するのは痛し痒《かゆ》しといわざるを得ない。

大阪にある白頭学院建国幼・小・中・高等学校と、金剛学園幼・小・中・高等学校、および京都にある京都国際中・高等学校は一条校の認可を受けている。それらの学校が歩んできた道のりも決して平坦《へいたん》なものではなかった。

白頭学院は四六年に建国工業学校と建国高等女学校が創立された後、四七年に建国中学校に改称。その後、四八年に建国高校、四九年に建国小学校が設けられた。四八、四九年に全国の民族学校が閉鎖されたとき、唯一同校だけが私立学校の認可を受けて存続した（五一年）。同校は創立以来、北朝鮮系でも韓国系でもない中立の立場に立っていたが、七六年から韓国学校としての教育路線を確立するようになった。

他方、金剛学園の前身は四六年に西成ウリ学校として開校された。設立以来、朝連系と民団系の主導権争いが続いたが、朝鮮人学校閉鎖令が出たときに同校も閉鎖を余儀なくされた。五〇年に財団法人金剛学園設立と小学校設置の認可を得て、校名も金剛小学校に改称した後、学校法人に組織変更して中学校、高等学校を設置した。しかし同校を長年財政的に支えてきた理事長が七六年に亡くなって以後、深刻な財政危機に追い込まれた。そのため文部省に一条校の認可申請を行い、八五年に中・高等学校が認可を得、校名も現在の名称に変更したのである。

京都国際中・高等学校は四七年に京都朝鮮中学として設立された。五八年に京都韓国中学となり、六三年に高等科を設置した。六五年頃、校舎が手狭になったので移転することにし、左京区で土地を入手したが、地域住民が建設反対運動を起こした。学校側はやむなく構想を改め、西京区の土地を入手しようとしたが、今度は校門に通ずる道の土地所有者が売却を拒否した。

そのため三度計画を変更し、現在地に設立しようとしたのだが、またもや環境問題などが噴き出して裁判になってしまった。問題が長期化したため、老朽化した校舎を改築して使わざるを得なかった。だが窮状を見かねた日本人有志たちが支援運動を広げ、裁判も勝利することができた。こうして移転計画を立ててから二十余年が経過した八四年になってようやく新校舎を竣工《しゅんこう》することができたのだった。

しかし同校も厳しい財政難が続いた。何度も一条校の申請をすべきかどうか議論が交わされた末、二〇〇三年に申請を出すことになった。そして校名から「韓国」を削除し、京都国際中・高等学校という名称で、翌〇四年に新たなスタートを切ることになったのである。

## ■一条校のジレンマ

一条校になれば、私立学校としての処遇を受けることができる。にもかかわらず朝鮮人学校や国際学校が一条校になろうとしないのはなぜか。それは一条校になる条件に問題があるからである。

一条校の資格を得るためには、民族教育という観点から見たとき、容認しがたい条件を受け入れなければならない。最も重要なのは、民族科目の授業に制限が加えられることである。一条校は文科省検定済みの教科書を使用し、文科省が定めた学習指導要領と標準単位に基づいてカリキュラムを組まなければならない。したがって民族科目の授業時間を多く設定することができず、授業はほとんど日本語で行われることになる。

たとえば金剛中学校の一〜三年生の場合、民族科目は週に韓国語三、韓国社会一、韓国文化一となっている。日語（日本語）五、英語・英会話六〜七に比べてはるかに少ない。そのため生徒は、韓国語を自由に読み、書き、話すレベルに達するのが困難というのが悩みとなっている。しかも同校では、公式には「国語」という科目は日本語を指し、母国語は「韓国語」と表記しなければならない。

もう一つの難題は、教師には必ず教員免許状が必要なことである。これは日本人学校では何でもないことだろうが、民族学校では相当なネックになる。なぜなら日本の大学に通って教員免許状を取得し、なおかつ民族的素養が高く、民族教育に献身的に寄与する情熱の持ち主を探し出すというのは容易なことではないからである。

ある韓国学校の先生は「文科省の学習指導要領にしたがって授業を行うにしても、民族科目を許容範囲内でしかできないというのは、あまりにも杓子定規《しゃくしじょうぎ》すぎるのではないか。日本が本当に国際化を目指すのなら、民族学校に対してもっと自立権を与えるべきですよ」ともらしていた。

とはいえ一条校の韓国学校は制限された範囲のなかでもできる限り民族教育に力を注いでいる。白頭学院中・高伝統芸術部では子どもたちが伝統民俗文化を熱心に学んでおり、〇七年に韓国で開催された世界サムルノリ（朝鮮民族の四種の伝統楽器を用いた演奏）競技大会で見事一位の大統領賞を獲得した。この大会は、韓国はもとより、海外同胞や外国人、プロも参加するもので、在日韓国人チームが最高賞に輝いたのは史上初の快挙だった。

## 2　多民族の子が机を並べる国際学校

### ■マリスト国際学校

教室に入ると、いっせいに子どもたちが振り返る。突然訪れた異邦人が何者なのかと、つぶらな瞳に好奇心があふれる。肌の色は白い子も黒い子も黄色い子もいる。国際学校を訪問するたびに目にする光景だ。いろんな肌の色や髪型の子らが一緒に机を並べて勉強する姿は何ともほほえましい。

私はこれまで神戸市に存在するすべての外国人学校を取材してまわったが、国際学校の開放的な雰囲気に触れると心がなごむ。

一般的に外国人学校は、特定の民族の子を主な対象とする民族学校と、様々な国籍の子が通う国際学校に大別される。国際学校は各種学校の資格なので、基本的には朝鮮人学校や中華学校と同じ処遇を受けていることになる。

神戸には六法人八校の外国人学校が存在する。そのうち民族学校は朝鮮人学校(全三校)、神戸中華同文学校、神戸ドイツ学院の三つの学校法人。国際学校は、壮麗な校舎で約四〇カ国八〇〇人の児童生徒が通うカネディアン・アカデミイなど三校ある。

私が最も興味を引かれたのはマリスト国際学校だった。というのは、同校は五一年に設立され、幼稚部から高等部まで四〇カ国の約三〇〇人が在籍しているのだが、そのうち三分の一がごく一般の日本人だからである。初めて同校を訪れたとき、日本人学校から編入してきたばかりだという生徒がいたので感想を聞いてみると、「前の学校と全然違うよ。ここはみんなフレンドリーだから学校に来るのが楽しいよ」と屈託のない笑顔を見せた。

どんなに充実した教育をしていても各種学校扱いにされる国際学校にとって、最大の悩みの一つが財政問題であり、学費は年間一〇〇～二〇〇万円もかかる。また当時は就学資格の問題も重要だった。国際学校に通っても学歴として認められていなかったため、上級の学校に進学するのが困難だった。

私が理解に苦しんだのは、多数の日本人保護者がなぜあえて同校にわが子を送るのかということだった。学費の負担が大きいうえ、学歴の問題も大きなハンディとなることを知りながら、なぜ……。

たまたま学校に来ていた数人の母親がいたので疑問をぶつけてみた。すると母親たちが異口同音に言った。「一つは、子どもに国際感覚を持った個性のある人間になってほしいからです。もう一つは、日本の学校できつい受験戦争をさせたくないからです」

たとえ負担が大きくとも、子どもに豊かでゆとりのある教育を受けさせてやりたい、卒業したら海外の大学に留学させてやりたいという親心に触れて、疑問は解けた。

## ■兵庫県外国人学校協議会

兵庫県の外国人学校について述べるとき、ぜひ触れたいのは兵庫県外国人学校協議会のことである。

九五年一月に兵庫県を襲った阪神・淡路大震災は外国人学校にも甚大な被害をおよぼした。当時、県内に一三校あった朝鮮人学校の被害総額が二〇億円、マリスト国際学校が一〇億円に達したのをはじめ、すべての外国人学校が数千万から億単位の被害を受けた。

復興事業において外国人学校問題もクローズアップされた。震災発生直後、外国人学校が運動場や体育館を避難所として提供した事実は被災者たちに感動を与えた。市民のなかから「復旧事業で外国人学校を差別するな」という世論が高まった。

激甚災害法は、校舎修復の際に、公立学校には三分の二、私立学校には二分の一の費用を国が補助すると定めているが、各種学校は対象外とされていた。しかし重大な事態にかんがみて、政府は特例として外国人学校にも復旧費の半額を補助する方針を打ち出した。とはいえ、ふだんでも財政難にあえいでいる外国人学校にとって、残りの半額を工面するのは至難の業であり、学校存亡の危機に陥った。

震災以前、県内の外国人学校間にはほとんど交流がなかった。だが未曾有《みぞう》の事態に直面して連帯意識が芽生えた。七月に全校が参加して兵庫県外国人学校協議会が結成された。全国で初めての試みだった。

代表たちが九月に貝原俊民《かいはらとしたみ》知事を表敬訪問したとき、私も同行した。協議会側は「今後ぜひ外国人学校にも一条校並みの補助をお願いしたい」と申し入れた。それに対し知事は、「兵庫県や神戸市にとって外国人学校は財産です。私たちは県を外国人に開かれた地域として復興させたいので、できるだけ努力したい」と答えた。支援の歯車が動き出した瞬間だった。以後、県は外国人県民復興会議を設置したのをはじめ、外国人学校との交流を深めていった。助成金については、県や市が各種学校に拠出できる範囲に制限が設けられているが、それでも全国でトップレベルの額を出すようになったのである。

従来、外国人学校に対する制度的差別の是正を求める運動を進めてきたのは主に朝鮮人学校であって、他の外国人学校はほとんど要請活動を行ってこなかった。それは決して要望がなかったからではなく、「日本の制度はそういうものだから要望しても仕方がない」

と思い込んでいたからだった。他の学校は、朝鮮人学校が県や市からたとえ少額でも助成金を受けていたこと自体を知らなかった。ところが協議会を通じて要請を行った途端、助成金が出るようになった。半面、以前は朝鮮人学校がいくら要望しても助成金の増額は困難だったが、欧米系も含めたすべての学校が団結して要望したことによって一挙に増額が実現した。

何よりも協議会の発足後は、行政と外国人学校相互の交流が広がった。運動会や文化公演の共催も盛んになった。まさに外国人学校同士の連携を促進する先駆となったのである。

## 3　日系人の子が通う学校

### ■初の各種学校認可

新幹線浜松駅からタクシーで約一〇分。のどかな田園地帯を走ると、二階建ての細長い建物の一角に「ムンド・デ・アレグリア」の看板が見えた。ドアを開けるといきなり子どもらの群れだ。エントランスにあたるフロアに職員用のデスクが並ぶ。周囲では子どもらがかたまって日本語能力試験に向けた学習に余念がない。間仕切りした左の部屋では一年生が勉強中。室内は明るい活気に満ち、子どもらが日本語で「こんにちは」と挨拶してくれる。

一九九〇年代に入って中南米の日系人の来日が激増したのにともなって、ブラジル人学校やペルー人学校が急増した。新設と廃校が頻繁なため正確な把握は難しいが、二〇〇七年時点で約一〇〇校存在していた。ほとんどは各種学校の資格を持っていないが、ペルー人学校であるムンド・デ・アレグリアは〇四年一二月に中南米系学校として初めて各種学校の認可を受けて注目を集めた。

私が訪問したのは〇八年九月のことだった。事務長の案内で二階に上がると、ペルー人とブラジル人の小・中学生がクラスごとに勉強していた。室内をすべて利用しつくしてもスペースが足りないほど子どもがあふれている。

児童生徒数は、ペルー人を中心に、ボリビア人、アルゼンチン人、ブラジル人の子ら一〇八人。一、二年前から満杯以上の状態になったという。最大の理由は、月謝が幼児部・

小学校部一万五〇〇〇円、中学校以上二万円という安さにある。通常、中南米系学校は公的補助を受けられないため、四、五万円の月謝が必要な所が多いのに比べて格安の料金だ。

親の仕事を考慮して、朝八時半から一七時まで子どもを預かる。浜松市以外から通う子もいるため、毎日スクールバスがドア・ツー・ドア（子どもが集まっている所へ迎えに行く）で走り回る。子どもは全員が日本人学校に行かず、同校だけに通っている。来日してすぐ来た子もいれば、日本人学校でいじめに遭ったため編入してきた子もいる。

創立者である松本雅美校長の理念は「日本社会で共生できる人材」を育てることだ。浜松市には自動車、電機などの工場が多く、中南米系の労働者が多数働いている。松本さんはスズキ株式会社の総務部に勤務し、「デカセギ」に来た人たちの世話をしていた。彼らにとって最大の悩みの一つが子どもの教育問題だった。ペルー人から「学校を作ってほしい」という相談を受けた松本さんは、退職して〇三年二月に同校を設立した。だが私塾扱いのため、経営は困難をきわめた。

最大の懸案は財政問題だった。公的支援を受けられないどころか、月謝に消費税がかかり、電車の学割もきかなかった。当然設備も乏しく、遊び場や運動場もない。ないないづくしのため、月謝は四万円以上にしなければならなかった。児童生徒が三〇人を超えるまでが特に大変だったという。

松本さんは思いきって企業に寄付を要請した。私塾扱いのため、寄付金に対する税制上の優遇措置を受けることはできないのだが、スズキが他企業にも呼びかけてくれたこともあって、寄付が寄せられるようになった。

自治体もバックアップに乗り出した。各種学校の認可権は都道府県知事が持っているが、静岡県は厳しい認可条件を緩和して、〇四年に全国で初めて同校に各種学校の認可を与えたのである。

こうして運営が軌道に乗った。ペルーの教育制度にのっとって、幼稚園二年、小学校六年、中学校三年の一一年制。ペルー政府の公認テキストを使用し、スペイン語で授業を行う。〇五年からはポルトガル語で授業するブラジル人クラスも開講した。

とはいえ各種学校認可によって改善された問題は一部にすぎない。地方自治体から支給される補助金は少額であり、教室や机、椅子、教材などすべてが不足している。それでも同校を取り巻く環境は改善されてきた。運動会のときにはスズキのグラウンドを借りられるようになったし、西友などの店舗ではスペイン語とポルトガル語で館内放送が行われるようになった。街全体が共生の姿勢を示したことから社会の表情が変化した。

■深刻な経営危機

ブラジル人学校やペルー人学校が必要とされるのは、日系人の親や子どもの切実な要求があるからである。その主な理由の一つはいずれ帰国するためであり、もう一つは日本の学校に通うといじめに遭うからである。

文科省の統計によれば、〇八年九月現在、公立の小・中・高等学校、中等教育学校および特別支援学校に通う児童生徒のうち「日本語指導が必要な外国人児童生徒」は二万八五七五人（前年度比一二・五％増）、また「日本国籍を有する日本語指導が必要な児童生徒」は四八九五人（一一・七％増）である。母語（継承語）別では、ポルトガル語一万一三八六人、中国語五八三一人、スペイン語三六三四人などとなり、ポルトガル語、中国語、スペイン語で全体の七二・九％を占める。

近年、日本語が不自由な子の問題がクローズアップされてきたため、日本語指導を行う教員を配置するなどの対策が講じられるようになってきた。しかし母語や民族文化の学習についてはほとんど顧みられることはない。

来日した外国人の子が日本人学校に入学すると、言葉が分からず、授業についていけず、いじめに遭うというショッキングな現実に遭遇し、通学するのを嫌うようになる子が続出する。半面、幼い子の場合、学校に通ううちに次第に母語を忘れていき、日本語を知らない親との間で会話すらできない状態になることもある。そうした子らを受け入れる場として民族学校の設立が切実に求められる。

私は〇四年にトヨタ自動車の企業城下町、豊田市にあるブラジル人学校を訪問したとき、校長から学校を作ったきっかけについて聞いたことがあった。彼女は初め、子どもを日本の学校に入れたのだが、日本語が分からないため苦労した。そのうちポルトガル語を忘れるようになったので、自宅で教え始めたところ、同じ悩みを持つ親たちも相談に来て、母国語教室を開講することになった。

「ところがある日、学校に呼び出されて担任の先生に会うと、こう言われたんです。『日本語を早く覚えるように、学校で教えていますから、家で変な言葉を教えないで下さい』

ブラジル人学校には託児所から発展したもの、派遣会社や教会の資金で運営するもの、本国の学校が日本に新設した分校など多様な形態がある。

在日ブラジル人学校協議会（ＡＥＢＪ）の〇六年のデータでは、ポルトガル語で教育を行う学校は九七校。そのうちブラジル政府の認可校は四九校で、静岡県一二校、愛知県一〇校、群馬県六校、長野県五校と続く。また協議会加盟校は四〇校で、児童生徒数は約七二〇〇人。非加盟校の児童生徒数は約二八〇〇人と見られ、総数で約一万人だった。

しかしいずれも学校の運営は火の車である。ほとんどの所が私塾と位置付けられているため、公的な財政補助がなく、免税措置もない。月謝は三～五万円かかり、それにも消費税がかけられる。施設面では狭い教室に乏しい設備。体育の時間は市営や民営の体育館やプールを借りる。近くの公園で遊ぶと、無理解な住民から苦情が出ることもある。保護者の雇用状況が不安定なため、転職や退職によって引っ越したり、帰国する子もいて、児童生徒の確保が流動的で、優秀な教員の確保も容易ではない。

そのようななかで、〇四年に静岡県でムンド・デ・アレグリアが初めて各種学校として認可されたのは画期的な出来事だった。各種学校や準学校法人の認可基準においては、校地・校舎は自己所有でなければならないとか、学校の所有者に対して相当額の自己資金の保有を求めるなど、厳格な要件が課せられており、中南米系学校がこれらの条件をクリアするのは不可能だった。しかし静岡県は全国に先駆けて、従来の各種学校・準学校法人の審査基準を緩和し、同校に認可を与えたのだった。

ブラジル人学校やペルー人学校の存在が広く認知され、各種学校の認可を与えるべきだという声が高まるなか、文科省は〇四年、各都道府県知事および教育委員会に対し、専修学校や各種学校の校地・校舎について必ずしも自己所有を求める必要はないという通知を出した。その後、徐々に認可が増え、一〇年四月現在で一一校になった。

各種学校になっても国庫補助はないが、それでも地方自治体からの補助金は受けられるし、消費税や固定資産税が免除される。また子どもたちは通学定期券を利用し、公式スポーツ大会に出場する道も開かれる。

大学への進学については、文科省は「我が国において、外国の高等学校相当として指定した外国人学校を修了した者」に対し大学入学資格を与えた。但し、初等・中等教育課程が一二年未満の場合は、準備教育課程として指定されたコースを持っている日本語教育機関などでさらに学ぶこと、という条件が付された。

外国人が多い都道府県では独自の判断で外国人教育を支援する所もある。長野では〇二年に企業や県民の賛助会員をつのって学費や教科書購入費を支援する「サンタ・プロジェクト」を立ち上げた。

しかし〇八年秋以後、世界的金融危機の嵐が吹き荒れるなかで、日系人労働者の解雇が激増し、学校も存亡の危機に瀕《ひん》している。ブラジル人学校の場合、閉鎖や統合によって〇九年一〇月末には八三校に減少し、子どもの数も半分以下に落ち込んだ。

四面楚歌《しめんそか》の状態のなかで、明るい話題を提供してくれたのはまたもムンド・デ・アレグリアである。一時は寄付金が激減する危機に見舞われたが、浜松市が救いの手を差し伸べた。空き庁舎となっていた町役場跡に市が外国人学習支援センターを開設し、二階を同校に貸与したのである。一〇年一月に催された移転開校式で保護者代表は「子どもが公立学校でいじめに遭い一六カ月も家に閉じこもったので、『いのちの電話』に電話するほど辛かった時期もありましたが、この学校に来てから子どもがみるみる元気を取りもどして救われました」と涙ながらに語った。

行政や社会の協力があれば苦難を乗り越えられる。いや、子どものために何としても乗り越えなければ。

## ■外国人学校支援法を求めて

外国人の子どもの教育を支援する運動は急速に拡大している。私も事務局に属している民族教育ネットワークは、九八年四月に大阪で催された阪神教育闘争五〇周年記念集会をきっかけに結成された。各界の在日韓国・朝鮮人と日本人有志によって構成され、主に在日韓国・朝鮮人の民族教育に関わる活動を進めてきたが、〇四年八月に二日間、「民族教育フォーラム二〇〇四——国際化時代の多民族・多文化共生教育」を大阪で開催した。同フォーラムは在日外国人全体の民族教育権をテーマに掲げた点で、全国的にもほとんど前例のない試みだったと思われ、マスコミにも大きく取り上げられた。

シンポジウムでは武者小路公秀元国連大学副学長などがパネリストとして出席したが、私が最も注目したのは元文部省大臣官房政策課課長で〇二年に文化庁文化部長に就任した寺脇研氏（現、京都造形芸術大学教授）の発言だった。文部省にいた頃から朝鮮人学校に深い関心を寄せていた彼は「文科省の外国人政策にはいろんな批判があるが、問題の背景には三つの原則の不在がある。①外国人をどのように受け入れるかという根本的な思想が国にも国民にも文科省にもない。②教育とは何かというコンセンサスがない。③二一世紀は一国だけで物事を考える時代ではなく、アジアや地球全体から考えなければならないが、そうした前提が明確でない」と鋭く指摘した。文科省の異常なほどの硬直化した姿勢や無為無策の真意を測りかねていた私は、その原因がそのようなレベルの問題にあったのかと納得もし、あきれもしたことだった。

翌〇五年一月、東京朝鮮第二初級学校をめぐる「枝川裁判」の弁護団からの呼びかけで、民族教育問題に携わっている十余人の会合が神戸で持たれた。枝川裁判とは、江東区枝川にある東京朝鮮第二初級学校に対し、東京都が〇三年、歴史的な経緯や、過去に学校と都が合意した内容を無視して、校庭として使用している都有地の明け渡しや校舎の一部の取り壊し、使用損害金として約四億円の支払いを求める裁判を起こしたものだった。現に子どもが学んでいる学校に閉校を強いるに等しい強硬措置を取ろうとした都に対して強い批判が上がっていた（裁判は〇七年に東京地裁で、都と区が和解金を受け取り、土地の用途を学校用地に制限して譲渡するという和解が成立した)。

会合で弁護団は、裁判を闘うために四、五〇人規模の有志の集会を開きたいという提案を行った。私は大阪でのフォーラムや兵庫県外国人学校協議会の成果について説明し、「朝鮮人学校の権利を守るためには、外国人学校全体の権利をアピールする必要がある。他の外国人学校にも呼びかけてより大規模な集会を開く方がよい」と発言した。その影響もあってか、幅広い学校に参加を呼びかける集会の開催が決定された。

〇五年九月、兵庫県私学会館において「多民族共生教育フォーラム・二〇〇五——外国人・民族的少数者の教育権を実現しよう」が開催された。集会には朝鮮人学校、韓国学校、中華学校、ブラジル人学校、ペルー人学校、国際学校の代表をはじめ二〇〇人以上が参加した。これほど多様な学校が一堂に会したのは史上初と思われる。各校代表は自校の苦しい状況を報告しながら、教育環境の改善のために協力していくことを誓い合った。

同フォーラムは翌年の名古屋集会に続き、〇七年一一月には東京国際交流館で開催された。関東地方から沖縄にいたる三一校の外国人学校関係者など三〇〇人が参加した。このとき、水岡俊一参議院議員(民主党)と山下栄一参議院議員(公明党)がパネルディスカッションに登場したことがフォーラムの活動に質的転換をもたらす契機となった。

翌〇八年二月の二日間、超党派の議員二〇名からなる「参議院少子高齢化・共生社会に関する調査会」が静岡のムンド・デ・アレグリアと、愛知のブラジル人学校および多数の日系人が働いている企業を訪問した。

二月二一日には、当時与党だった自民党と公明党の衆・参国会議員で構成する「外国人学校及び外国人子弟の教育を支援する議員の会」の設立総会が開かれた。同議員連盟は六月に中間取りまとめ・提言を作成し、文部科学大臣、財務大臣に提出した。また民主党では六月に水岡議員が中心になって準備した「外国人の子どもの教育の充実をめざす研究会」の第一回研究会が開かれた。

第四回目を迎えたフォーラムは一一月に大阪の御堂会館で催され、山下、水岡両議員もパネリストとして参加した。水岡議員は「日本が批准している国際人権条約には、外国人・民族的マイノリティーの教育権の保障について記してあるが、官僚は『教育基本法には書かれていない』という理由を逃げ道にしている。そこで議論がストップしてしまうのがいまの国会の状況だ。しかしこの問題に対する理解のある仲間を増やして闘っていきたい」と決意を述べた。

最初のフォーラムの開催以降、かつてなかったうねりが起こってきた。国会のなかでも外でも「外国人学校支援法案」（仮称）の制定を求める動きが出てきたのは重要な変化といえる。だが〇九年の連立政権発足後、その動きは停滞しており、前途はまだまだ険しそうである。

## 4　公立学校のなかの民族学級

### ■民族的アイデンティティをつちかう場

在日韓国・朝鮮人の子どものうち、民族学校に通う子は一割にすぎず、九割が日本人学校に通っている。彼らの大半は民族の歴史や文化を学ぶ機会がなく、通名を使い、国籍を隠して過ごしている。そんな子らに少しでも民族的アイデンティティを植え付けようとする場が民族学級である。

大阪各地にある民族学級では、毎週一回、放課後に韓国・朝鮮人の子どもたちが民族教室に集まってくる。室内には朝鮮半島地図やハングル表がかかり、韓国の絵本や民芸品、子どもらの作った仮面や凧《たこ》などが展示されている。チマ・チョゴリを着た民族講師が本名（民族名）で出席を取る。祖国の文化や歴史の勉強が終わると、民族遊戯になる。チャンゴ（長鼓）を叩いたり、ペンイ（独楽《こま》）やユンノリ（すごろく）をしたり、蜂《はち》の巣をつついたような大騒ぎになる。

民族学級は、公立学校に在籍する韓国・朝鮮人の子どもたちが、教育課程外の時間を使って民族の言語や文化を学ぶ場である。四八年に朝鮮人学校閉鎖令が強行された後、多数の子どもが日本人学校へ編入させられたとき、文部省と朝鮮人教育対策委員会の間で「覚書」が交わされ、「課外の時間」に民族的な教育を行うことが認められた。滋賀、岐阜、茨城、大阪など一三府県で、公立小学校のなかに七七の民族学級が設けられた。しかし行政当局や学校側は民族学級に無関心だったため、次々と閉鎖されていき、いまでは大阪以外は、福岡と京都で細々と続けられているだけである。

大阪では二〇一〇年四月現在、府内の約一八〇校で民族学級・民族クラブの取り組みが行われている。そのうち市立小・中学校では一〇五校に民族学級が設置され、韓国・朝鮮籍および朝鮮半島にルーツを持つ児童生徒（国際結婚や帰化によって日本国籍を持つ子など）二一〇〇人が学ぶ。

「民族学級に来て変わる者もおるし、変わらない子もおる。変わる子がいると、わたしは救われたような気がします。やっぱり三六年という歳月の蓄積は無駄じゃなかったと」

半生を民族学級に捧げてきた金容海《キムヨンヘ》さんは感慨深げに過ぎし日を振り返る。彼は一九二六年に済州島《チェジュド》で生まれ、四三年に大阪に渡ってきた。大阪では四九年に三三の民族学級が設置され、金さんは五一年から生野区の北鶴橋小学校の民族学級担当常勤講師になったが、たちまち途方に暮れた。

「学校には一四〇〇人の子どもがいて、そのうち六〇〇人ぐらいが同胞の子でした。一人で六〇〇人の子をどないやって教えます。最初は全員講堂に集めて、囲いをしてやりましたが、とうてい授業ができる環境じゃない。冬が来ると、寒くて子どもらが逃げていく。ストーブがあっても、民族学級は課外ということで予算外で、石炭もくれない。子どもらは怒るし嫌がるしで、だんだん減っていきます」。やがて一年生の教室や物置に追いやられる。職員会議で訴えても無視され、教材を作るわら半紙さえもらえず、「周囲の無理解、無関心のなかで気が狂いそうになった」という。

六七年に民団大阪府地方本部から誘われ、文教部長に就任した。民族教育について大阪府教育委員会と交渉するなど熱心に活動したが、保護者から「民族学級がおろそかになったら困る」と苦情が出たため、民団に辞表を出し民族講師に専念した。

七一年、大阪市立中学校長会の差別文書問題が発生した。当時、大阪の市立学校には一万七〇〇〇人ほどの韓国・朝鮮人の子がいたが、校長会が作成したマル秘資料のなかで、「朝鮮人の子どもは平然と嘘《うそ》をつく」などと偏見に満ちたことが書かれていたため大問題となった。それをきっかけに、翌年、大阪市外国人教育研究協議会（市外教）が発足し、民族教育に対する関心が高まっていった。

北鶴橋小学校では、金さんの提案で全校生に差別について作文を書かせた。すると「差別だらけ」という実態が明らかになった。校内で外国人子ども教育研究部会を設け、「差別をしない、させないための人間教育」を開始した。また、ほとんどの子が民族的出自を隠している状態を改めるため、七三年から「本名を呼び、名のる運動」の実践を呼びかけていった。

## ■民族教育の場を作ろう

七一年、西成区にある長橋小学校で児童会執行部選挙が行われたとき、五年生の少年が立候補して訴えた。「長橋小学校では部落差別をなくすためにいろんなことをしていますが、朝鮮人差別の問題が忘れられていると思います。ぼくも三年生のときに『チョーセン』と言われて差別されました。ぼくが会長になったら朝鮮人差別をなくしていきます」

少年は会長に選出され、学校全体の取り組みが動き出した。ちょうどその頃に中学校長会差別文書事件が起こったこともあって、日本人教師の間でも「公立学校に在籍する在日朝鮮人子弟の教育を考える会」が結成された。

翌七二年、同校で民族学級が開講された。それ以後、大阪市内の学校に民族学級が徐々に広がっていった。これらの民族学級はそれまでの「覚書民族学級」と区別して「七二年型民族学級」と呼ばれた。

八〇年代になると、民族学級は府内の各地に拡大していった。その背景には日本人教職員の意識変革もあった。八三年には「全国在日朝鮮人教育研究協議会」（全朝教）が発足し、公立学校内での民族教育に取り組む全国的なネットワークが形成されていった。とはいえ行政側が積極的に制度作りに取り組んだわけではなかった。民族講師はほとんど二〇代の青年がボランティアで行う状態が続いた。

金さんは八六年に定年を迎えた後、九一年に再び民団大阪府地方本部文教部長に就任したのをはじめ、民団中央本部教育委員長などを歴任し、組織を通じて民族学級や民族学校の発展のために尽力した。

一方、七二年型民族学級を進める青年たちは八六年に民族教育促進協議会（民促協）を結成し、「民族教育の灯を消すな」という段階から「民族教育の場を作ろう」という段階へと運動を発展させていった。重要な課題の一つは、民族講師に対する制度保障だった。講師は正規の教員ではないため、数校を掛け持ちして駆けずり回りながら、わずかなカンパを受け取るだけだった。

九二年になってようやく市教委は「民族クラブ技術指導者招聘《しようへい》事業」という形で予算を組み、高校のクラブ活動指導員と同額の報酬（一時間当たり二三〇〇円）を民族講師に支給することになった。その後、交通費等の名目で支給額が徐々に引き上げられていったが、いくつかの民族学級を掛け持ちしても毎月の報酬は六万円ほどにしかならず、健康保険などの社会保障は皆無だった。当時取材したMさんは「民族講師はみんな生活できないですよ。それでも辞めないのは、ほとんど意地じゃないですか」と語っていた。

覚書民族学級の人々は行政側とねばり強い交渉を続けた。そして九四年になってようやく、一一人の講師のうちで一人が常勤化された。常勤講師になれば、普通の教科の常勤講師と同様に給与やボーナスが出るようになるし、社会保険にも入ることができる。

その後、覚書民族学級の講師については九八年に後任講師全員が常勤化されるようになった。だが七二年型民族学級の講師については、いまだに常勤・非常勤嘱託・時間講師に分かれており、根本的な解決に至っていない。

外国人にとって、莫大な経費を必要とする学校を設立するのはきわめて困難である。その点、民族学級という制度は、日本の公教育のなかで外国人の子どもに民族教育をほどこすことができるきわめて有効な方法であると思う。在日韓国・朝鮮人の子どもの民族教育のために教師や保護者が蓄積してきた多大な経験は、他国の子どもたちの民族的アイデンティティをつちかううえでもきわめて重要である。在日韓国・朝鮮人だけでなく、すべての国の子どもたちのための民族学級も設置していくことを望みたい。

# 第五章　多民族多文化共生に向けて

群馬県邑楽郡大泉町

## 1　国際条約の精神

### ■世界の人権基準

すべての人間には生まれながらにして基本的人権がある——今日ではだれにも否定しようのないこの真理は、実はさほど古くから確立されていたものではない。かつては一国における人権侵害は他国が干渉すべきではない国内問題と認識されていた。しかし第二次世界大戦時にナチス・ドイツやイタリア、日本などによる大量虐殺が起こったことから、国家による人権侵害を防止しなければならないという共通認識が芽生えた。

戦後に設立された国際連合は、憲章第一条で「すべての者のために人権及び基本的自由を尊重するように助長奨励することについて、国際協力を達成すること」と明記した。四八年には世界人権宣言を採択し、第二条で「すべて人は、人種、皮膚の色、性、言語、宗教、政治上その他の意見、国民的若しくは社会的出身、財産、門地その他の地位又はこれに類するいかなる事由による差別をも受けることなく、この宣言に掲げるすべての権利と自由とを享有することができる」と高らかにうたった。

世界人権宣言の精神は次々と個別条約によって具体化され、締約国に国際的な人権基準の遵守を義務付けた。代表的な人権条約には人身売買禁止条約（四九年）、難民条約（五一年）、人種差別撤廃条約（六五年）、女子差別撤廃条約（七九年）、児童の権利条約（八九年）、移住労働者等権利保護条約（九〇年。日本は未批准）などがある。

そのうち、在日外国人との関わりが深い人種差別撤廃条約を見れば、日本が批准を行ったのは、条約ができてから三〇年後の九五年、世界で一四六カ国目のことだった。

条約は第二条第一項で、締約国は①人種差別を非難し、②あらゆる形態の人種差別を撤廃し、すべての人種間の理解を促進する政策を遂行する義務を負う、とした。

第四条では、締約国は（a）人種的優越・憎悪に基づく思想の流布、人種差別の扇動、人種や皮膚の色、民族的出身の異なる人々に対する暴力行為や暴力行為の扇動などを法律で処罰すべき犯罪であることを宣言する、（b）人種差別を助長しかつ扇動する団体や宣伝活動が違法であることを宣言し、禁止する、（c）国や地方の公の当局・機関が人種差別を助長、扇動することを許さない、という義務を課した。

しかし日本は同条約を批准する際、第四条（a）と（b）について、「その義務の履行が、日本国憲法が定める集会、結社、表現の自由、及びその他の権利の保障と抵触しない限りにおいて、これらの規定に基づく義務を履行する」という留保を付した。つまり言論の自由を盾に取り、他国でなら「民族的憎悪に基づく犯罪」と認定されるような暴言・暴行・差別行為などに対して、日本では、それらの行為を人種差別としては禁止も処罰もしないということである。「ナチス・ドイツによるユダヤ人虐殺はなかった」と発言しただけで処罰される国もあるのに比べて大差がある。

## ■人種差別撤廃委員会の勧告

国際条約に加盟すると、数年後に、改善措置の実施状況を報告しなければならない。二〇〇一年三月、人種差別撤廃委員会において、日本が行った改善措置に対する初の審議が行われた際、委員会は差別是正措置の不備に対する二一項目の「懸念と勧告」を表明した。特に日本が人種差別を刑法上の「犯罪」と定めなかったことに対し強い懸念を示し、早急に特別な法律を制定するよう勧告した。

しかし日本は同年夏、「我が国の現状が、既存の法制度では差別行為を効果的に抑制することができず、かつ、立法以外の措置によってもそれを行うことができないほど明白な人種差別行為が行われている状況にあるとは認識しておらず、人種差別禁止法等の立法措置が必要であるとは考えていない」と反論し、勧告に従おうとはしなかった。

一〇年二〜三月、日本の改善措置報告に対する二度目の人種差別撤廃委員会が開かれた。委員会が採択した総括書簡のうち、外国人関連の主な内容には次のようなものがある（引用文は仮訳）。

日本は反差別法を作る必要がないと報告しているが、委員会は「前回の総括所見の勧告を繰り返す。……人種差別を禁止し……特定的な法律の採択を検討するよう奨励する」。「韓国・朝鮮学校に通う子どもたちなどの集団に向けられる露骨で粗野な発言と行動の相次ぐ事件……に懸念をもって留意する」。「人種的優越あるいは憎悪に基づく意見の流布の禁止は、意見および表現の自由と両立するという見解を繰り返す」。「国家または地方公務員による人種差別を認容または扇動するあらゆる発言を強く非難し……人種差別的および排外主義的な発言を直接禁止する法律を制定し、資格のある国内裁判所を通して人種差別に対する効果的保護と救済のアクセスを保障するよう緊急性をもって勧告する」。

また子どもの教育に関しては、以下の事項を含め、「差別的な影響を及ぼす行為について懸念を表明」した。（a）アイヌや他の民族集団の子どもが自らの言語を用いた指導を受ける機会が十分にないこと、（b）外国人の子どもに対して義務教育の原則が完全には適用されていない事実、（c）学校の認可、同等の教育課程、上位学校への入学に関連する障害、（d）外国人及び韓国・朝鮮、中国系の学校が公的支援や補助金、税制上の優遇措置に係わって差別的な取り扱いを受けていること、（e）高校教育無償化の法制度変更において朝鮮学校を排除すべきとの提案をする政治家の態度。

そして委員会は、日本がまだ批准していない国際人権条約、特に人種差別の問題に直接関係する規定がある条約（「すべての移民労働者及びその家族の構成員の保護に関する国際条約」など）のすみやかな批准を検討するよう促した。

日本の人権問題、とりわけ外国人の人権問題に対する国際的な批判は相当厳しいものがある。少なくとも世界の人権基準に沿った法制度が確立されなければならない。まず重要な国際条約に早急に加盟するとともに、国際条約は憲法以外の国内法より上位に位置付けられるため、関連法を改正する必要がある。日本の対応を世界が注視している。

## 2　移民国家アメリカ

### ■黒人の闘い

国境を越えた「ヒト、モノ、カネ」の移動が加速化する現在、外国人労働者問題は世界的な課題となっている。この問題を考察するうえで、世界最大の移民国家であるアメリカの経験から学ぶべき点は多い。

アメリカにおける「移民」の前身は黒人奴隷という形であらわれた。一五世紀末から四〇〇年間にアフリカから連行された黒人（アフリカ系アメリカ人）は一〇〇〇万人を超えた。

一八二〇年代以後は、ヨーロッパ各国から膨大な移民が渡米した。その後一〇〇年間に流入した移民数は三三〇〇万人といわれる。この時期、中国人や日本人の移民も増加した。

するとアジア人のために職を奪われるという危機感を抱いた白人の間で「イエロー・ペリル」（黄禍論）が台頭し、一九二四年には新移民法によってアジアからの移民を禁止した。

移民問題における差別政策が改善されるきっかけを作ったのは黒人の闘いだった。奴隷解放宣言以後も人種差別に苦しんでいた黒人は、五〇年代から雄々しい公民権運動に立ち上がった。五五年にアラバマ州でキング牧師の指導の下に展開したバスボイコット運動は全米を揺るがす闘いに発展していった。人種主義者は殺人、放火、暴行などあらゆる手段で反撃し、それを公権力が背後から支えた。しかし黒人の非暴力主義の闘いはしだいに広範な白人を覚醒《かくせい》させていった。

六三年八月、二五万人の人々がワシントン大行進に参加し、キング牧師は「わたしには夢がある」という有名な演説を行った。ケネディ大統領は黒人指導者たちと面談し、人種差別の解消を約束した。が、同年一一月、大統領は何者かに暗殺された。翌六四年、ケネディの遺志を継いだジョンソン大統領によってついに公民権法が成立した。しかし翌六五年には黒人指導者の一人だったマルコムXが、六八年にはキング牧師が暗殺された。まさに黒人は有名無名の無数の人々の血を代償にして人種差別撤廃を勝ち取ったのである。

■アファーマティブ・アクション

アメリカではいまなお黒人差別が残存しているが、六〇年代以後、顕著に改善されたことは否定できない。その重要な要因として、政府が人種差別撤廃のために強力な政策を推進したことがあげられる。以前取材した弁護士でタレントのケント・ギルバート氏の話が思い出される。彼は私から在日韓国・朝鮮人差別の実情について説明を聞いたあと、憤慨した口調で「人間の差別感情は簡単に消えるものではない。だからアメリカでは政府が強力な政策で差別をなくしていったんだ」と語っていた。

米政府が黒人の地位向上のために推進したのが「アファーマティブ・アクション」（積極的差別是正措置）だった。これは公立大学への入学、公的機関での雇用、公的事業の受注などにおいて黒人を優遇する措置である。その根底には、生まれながらにして不利な立場に置かれている黒人に白人と同じようにチャンスを与えても、「機会の平等」だけでは実質的には不平等は解消されないため、積極的に優遇措置を取ることによって「結果の平等」を実現しようという強い意志があった。

一つの差別の解消はすべての差別の解消につながる。黒人を対象とした差別撤廃政策は他のマイノリティーに対する差別撤廃に連動していった。すなわち黒人が命を懸けて手に入れた権利によって、他の民族的マイノリティーの権利も守られるようになったのである。六五年には移民法が改正され、アジア人にも平等に移民枠が設けられるようになった。

## ■揺れ動く移民政策

しかし移民枠の拡大は新たな問題も引き起こした。八〇年代に入ると、メキシコなどからの「不法移民」が急増し社会問題となった。そのため政府は八六年に移民改革統制法を制定し、すでに五年以上滞在している人々を合法化する措置（アムネスティ）を取る一方、「不法移民」に対する取り締まりを強化した。

九〇年代には移民でない短期就労ビザの人々も増加した。ＩＴ技術者をはじめ、高度な技能労働者が大量に入国した。長引く経済不況と外国人の増加にともなって、移民排斥運動が広がっていった。政府は移民を法的地位や就労期間などによって選別し、福祉サービスを受けられる範囲に格差を設けるとともに、「不法移民」を社会サービスから排除した。

アファーマティブ・アクションについては、七〇年代後半以後、白人中間層のなかから「逆差別だ」という声が高まった。七八年、白人の男性が大学医学部への入学において、自分より成績の悪い黒人が許可されたのに自分は不許可にされたのは違憲だと主張した裁判で、連邦最高裁は人種ごとの固定した割り当て人数を定めるのは違憲だとしつつ、入学許可における差別是正措置自体は合憲だという判断を示した。その後、各地で起きた裁判ではアファーマティブ・アクションに対する否定的な判例が増え、カリフォルニア州とワシントン州では住民投票によって制度そのものが撤廃された。

さらに二〇〇一年の同時多発テロ事件以後、イスラム教徒をはじめ外国人に対する人権侵害事件が頻発した。〇四年からは世界で初めて外国人の入国時に指紋押捺と顔写真撮影を義務付けるシステムを開始した。その半面、大統領選挙などではマイノリティーの票を獲得するため、民主党も共和党も「不法移民」の合法化法案を公約に掲げた。

アメリカ人の人口三億人強のうち外国出身者は三三四七万人（〇三年）で一一・七％を占め、ますます膨張し続けている。移民大国の政策は絶え間なく揺れ動いている。

## 3　ヨーロッパの二面政策

### ■やって来たのは人間だった

ヨーロッパにおいても移民問題は国論を分ける重要問題として提起されている。第二次世界大戦後、経済成長にともなって大量の労働者が必要となり、旧植民地国などから受け入れた。労働者は当初は一時的な出稼ぎを目的としていたが、しだいに家族を呼び寄せ定住化するようになっていった。「われわれは労働者を呼んだが、やって来たのは人間だった」という言葉に象徴されるように、各国は新たな状況に対処して人間的な対応策を迫られた。

初期の頃は、労働条件、住居、子どもの教育、社会保障など日常生活に不可欠な環境を整備する政策に力が入れられた。

八〇年代後半、アジア・アフリカ諸国からの難民が増加した。九〇年代には社会主義体制の崩壊とともに、東欧諸国からの移民や難民が西欧に流れ込んだ。九三年に欧州連合(EU)が設立されると、域内の労働者の国際間移動は自由化された半面、域外からの移民への対応が複雑化した。

二〇一〇年四月現在、EUは二七カ国、五億人。域外諸国から受け入れた移民は二〇〇万人を超える。低迷する経済や高失業率といった問題が深刻化するにつれて、各国では、すでに定住化した合法的移民には極力加盟国国民と同等の権利と義務を与える一方、新たな移民には規制を強化するという二面政策を取りながら、社会統合政策を推進するのがほぼ共通した流れといえるだろう。

## ■ドイツとフランス

ドイツの場合、めざましい発展を遂げた時期に深刻な労働力不足に陥ったため、トルコ、イタリアなど各国と二国間協定を結んで労働者を受け入れた。七三年のオイルショック以後、経済状況が悪化したため、外国人労働者の募集を停止したが、労働者の滞在の長期化、家族の呼び寄せなどによって外国人の増加が続いた。九〇年に東西ドイツが統一された時期には、東ドイツだけでなく周辺諸国からの経済難民も多数入ってきた。

国内情勢が不安定化すると、移民に対する偏見が増幅され、相次いで襲撃事件が発生した。ネオナチが起こした放火事件によって九二年にメルン市で三人、九三年にゾーリンゲン市で五人が死亡する惨事が起こったときには、人種差別に抗議するデモや暴動が広がった。

移民問題に苦慮した政府は九八年に国籍法を改正した。従来堅持してきた血統主義を改めて一部に出生地主義を導入し、ドイツで生まれた移民の子に一八歳で国籍を選択する権利を与えた。

二〇〇四年には新移民法を制定し、移民に対して社会統合を促す方針を鮮明にした。すなわちドイツの言語、歴史、文化などを学習するためのコースを開設し、新規移民に受講を義務付けたのである。プログラムは六〇〇時間のドイツ語教育コースと三〇時間の歴史・文化・法律等のオリエンテーションで構成され、三～四カ月で終了する。プログラムを実施する学校や市町村施設等には連邦政府が助成金を提供する。

また移民自身の自助活動を促すため、移民コミュニティに対する支援も行っている。新たな移民については、非熟練労働者の受け入れを制限しつつ、専門技能労働者を積極的に募集する政策を取っている。

フランスもドイツと同様に戦後の復興期に大量の外国人労働者を募集したが、オイルショック以後に受け入れを停止した。一九八一年に登場したミッテラン政権は外国人に対して幅広い権利を保障した。しかしインフレの進行や失業者の増加にともない右派勢力が拡大するにつれて権利が縮小されていき、九三年の移民法改正によって入国規制や権利制限が一層強化された。

二〇〇五年一〇月、パリ郊外で北アフリカ出身の三人の青年が警官に追われた際に変電所で感電して二名が死亡した。この事件をきっかけに移民の暴動が発生した。暴動を強引に押さえ込もうとしたサルコジ内相が移民の青年たちを「社会の屑《くず》」と呼んだため暴動が一層拡大した。

新保守主義者のサルコジ内相が中心になって翌〇六年に「移民および統合」法案が採択された。主な狙いは、移民に対し、法規範を遵守させ、社会統合への意志を確認することにあった。これにより移民が家族の呼び寄せをする場合、申請者は法定最低賃金以上の所得が必要となった。非正規滞在期間が一〇年を超える外国人に対し、自動的に滞在認可証を交付する措置は廃止された。定住をのぞむ者はフランス語の習得が条件となり、「不法移民」の国外退去数を増やす対策が強化された。半面、フランスが必要とする有資格労働者や才能に恵まれた人や留学生には門戸が広げられた。

移民の受け入れにおいて最重要課題の一つが言語である。大阪大学世界言語研究センターの真嶋潤子教授は、言語面からEUの統合政策を分析し、「マイノリティーの言語を維持しつつ、移民受け入れ国の言語の学習を義務付けるというのがEU諸国でのおおむね共通した流れでしょう」と語る。

ヨーロッパでは数十年間の研究に基づき、〇一年に欧州言語共通参照枠(CEFR)が発表された。これは様々な言語の学習度をヨーロッパ全域に共通の基準によって六つのレベルに分けるようにしたものである。各国で外国語教育を行うためのシラバス、カリキュラム、教科書、試験などを作成する際の基準となる。

EU諸国はCEFRを利用して移民に対する言語の訓練と試験を行う。試験に合格しなければ、居住(在留)資格や市民権が認められないこともある。言語研修コースの実態は国によって異なるが、おおむね期間は数カ月にわたり、受講料は無料。国によってはその間の最低賃金を保障したり、奨励金を与えることもある。

## 4　オーストラリアの再生

### ■白豪主義の放棄

広大な大地に豊かな大自然。「ラッキー・カントリー」と呼ばれるオーストラリアは、長く続いた白豪主義を放棄し多文化主義国家へと再生した国である。

オーストラリア国立大学教授であり、北朝鮮帰国事業の真実を描き出した『北朝鮮へのエクソダス』（朝日新聞社）等の著者として知られるテッサ・モーリス－スズキさんはイギリスで生まれ、一九八一年にオーストラリアに移住した。

「イギリスにいた頃はオーストラリアに全く興味がなかったんですが、大学に就職が決まって行ってみたら、多文化主義の重要性をかなり強調していて、すごく住みやすい国だと感じるようになりましたね」と当時を振り返る。

歴史をさかのぼれば、一七七〇年にイギリスが東海岸の領有宣言を行い、当初は流刑植民地として開拓を進めた。一八二九年にイギリスが全オーストラリアを支配下に置いた後、自由移民が増加し、一八五〇年代になるとゴールドラッシュをきっかけに産業が発展した。しかし白人は有色人種に反感を抱き、一八七七年に中国人移民制限法、九六年に有色人種制限および取締法を制定した。

一九〇一年に連邦政府が成立すると、中国人、日本人などの移民を禁止する連邦移民制限法を制定した。これが悪名高い「白豪主義」政策の始まりだった。

白人社会の発展過程は先住民であるアボリジニに甚大な犠牲を強いた。アボリジニは土地を奪われ、大量虐殺された。人口は九〇％以上減少した。映画『裸足の一五〇〇マイル』(フィリップ・ノイス監督)に描かれたように、アボリジニの子どもを親から引き離して白人家庭や寄宿舎で養育する人種隔離政策は一九六〇年代まで存在した。

しかし六〇年代以後、ヨーロッパ系白人移民が減少する半面、アジア太平洋地域の経済発展がオーストラリアにとって不可分な関係となっていった。また白豪主義に対する国際的な非難を浴びたオーストラリアはしだいに中近東やアジアからの移民や難民に門戸を開放していった。そして七三年についに白豪主義を放棄し、多文化主義へと政策転換を行ったのである。

## ■ガルバリー・レポート

国是の変化は国家の様相を変化させる。七五年には人種差別禁止法が制定された。特に七八年、移民政策や移民生活の改善を提言する「ガルバリー・レポート」が政権によって採用され、画期的な政策転換が開始された。幅広い分野で多文化主義政策が実行され、英語教育の拡充、マイノリティーの母語の継承・発展、就職時における人種差別禁止、教育・医療・社会保障の平等、六〇以上の多言語ラジオ・テレビ放送の導入などが実現されていった。

八七年に策定された「言語についての国家政策」では、英語を国語と言明しつつ、移民の母語や先住民の言語を国の「資源」として維持・発展させ、すべての人が英語以外の言語を一つ以上学ぶことを奨励した。

オーストラリアはかつて白豪主義のもとに同化政策を取っていたが、移民の大多数は同化を望まなかった。同化主義の誤りが明白になった後、外国人は永住権さえ取得すれば、選挙権を除くほとんどの権利が国民と同等になった。

テッサさんはオーストラリア国籍を取得している。しかし「あくまで二重国籍が認められているから精神的な抵抗もなく取得したのであって、もしオーストラリア国籍を取るために元の国籍の放棄を求められるのだったらすごく悩んだでしょうね」と語る。

とはいえ社会から人種差別が根絶されたわけではない。

「二〇〇五年に海水浴場で五〇〇〇人以上の白人が中東系移民を襲撃する事件が発生しました。白人のなかにはまだ有色人種に対する差別意識が残っている人がいるのです。でも二〇〇七年に労働党政権に代わって以後も、人種差別問題に対する積極的な政策が出されていません。過去の負の遺産というものはなかなかなくならず、何かのきっかけがあると、眠っていた差別意識が現れるものですから、国がもっと積極的な政策を行うべきです」

人権は、一度得たからといって永久に保障されるものではない。差別の根絶のためには国家や社会の不断の努力が必要なのである。

## 5　日本に必要なグランドデザイン

### ■多文化共生社会は不可避

膨大な人間の生涯に係わる移民問題の解決が容易であろうはずはない。それゆえ各国は国益と人権保護の狭間で試行錯誤を重ねながらより望ましい政策を模索してきた。だが日本は多数の外国人が在住する国家にふさわしい施策に真摯に取り組んでいるのか。

田村秀《しげる》氏は自治省入省後、香川県企画調整課長、三重県財政課長を経て新潟大学教授に就任した行政学・地方自治のエキスパートである。彼は「今後日本が多文化共生社会になっていくのは不可避なことです。にもかかわらず国はいまだにこの問題に及び腰です。その理由の一つは、外国人労働者をどの程度まで受け入れるべきかという国民的議論が不十分だからです」と指摘する。そして豊富な研究に基づき、「外国人の受け入れについては、都市よりも地方の方が必要性を認める人が増加しています」と分析する。

少なからぬ地方ではもはや外国人問題は議論の域を超えた現実となった。過疎化、高齢化が進行し、外国人を受け入れなければ地域の維持がおぼつかない。すでに北関東や東北地方などでは一〇年、二〇年前から労働や国際結婚によるニューカマーが増加してきた。他の問題では常に時代は都市から地方へ流れていくのに、この問題では逆流現象が起こっているのである。

彼は著書『自治体格差が国を滅ぼす』（集英社新書）で格差拡大の危機を鋭く分析しつつ、「日本の近未来を予感させる自治体」として群馬県大泉町をあげた。町が外国人住民の実情に合った公共サービスを提供するだけでなく、地域の自治会役員や関係企業が外国人と共に話し合う地区別三者懇談会事業を実施するなどの試みを評価する。

「これまで国レベルでは、外国人政策といえば管理の色合いが強かった。しかし地方レベルでは外国人は共生する相手という視点が定着してきています。今後、一〇〇万人単位で外国人が増加していく潮流を率直に受け止め、国も自治体も住民も企業もそれぞれがしっかり役割を果たしていくべきでしょう」

■浜松宣言

田村氏と同じく自治省出身の北脇保之氏は、衆議院議員を経て一九九九〜二〇〇七年に浜松市長をつとめ、自己の理念を行政分野で実践した人物である。現在は東京外国語大学多言語・多文化教育研究センターのセンター長・教授として教鞭を執る彼もやはり日本の外国人政策に対し、「出入国から滞在、定住、永住、帰化に関する一貫した政策がなく、出入国管理と社会統合の政策を包括した基本政策文書あるいは基本法的法律も存在しない」と指摘する。

地方自治体では戦後の在日外国人政策において、七〇年代までの主要課題は在日韓国・朝鮮人の権利保障に係わるものだった。しかし九〇年代以後、南米日系人が急増したため、外国語情報の提供、外国人相談などの基礎的行政サービスを行う「内なる国際化」が緊急課題となった。さらに二〇〇〇年代になると、ニューカマーの滞在長期化・定住化現象が現れたため、医療・社会保障、住宅、教育、地域生活などの問題が重要になった。そうした時代の変遷期に浜松市長となった彼が他のニューカマー集住都市に呼びかけたのが、第一章でも述べた「外国人集住都市会議」だった。

二〇〇一年五月に東海、北関東の一三都市によって結成された同会議は、①情報を共有し、より良い実践を追求する、②就労、教育、医療、社会保障など法律・制度に起因する課題について連携して国等関係機関に強く提言し、その実践をはかるという目的を掲げた。

同年一〇月に開催された「外国人集住都市公開首長会議」では「浜松宣言及び提言」を採択。今後多くの都市において「地域共生が重要な課題になろうと認識」し、外国人住民は「新しい地域文化やまちづくりの重要なパートナーである」という観点から、「真の共生社会の形成を、すべての住民の参加と協働により進めていく」と明記した。また地方自治体レベルの施策では限界がある諸問題について、国が抜本的な制度改革を行うよう関係五省二庁に要望した。

その後、毎年会議やシンポジウムを催すとともに、政府に対して提言を行ってきた成果について、北脇氏は「まだ政府は根本的な政策転換を表明していないが、徐々に政策が進んできたのは認められる」と語る。

一例をあげれば、総務省は〇六年に「多文化共生推進プラン」についての通知を出し、地方自治体に対し多文化共生に係わる指針・計画の策定・実施を求めた。北脇氏は、総務省が在住外国人政策の推進を奨励したことに一定の評価を与えつつ、但し、本来なら各自治体が地域の実情から政策立案すべきなのに、国がプランを提示することによって全国的に画一化された指針・計画が策定される恐れもあると注意を喚起する。

彼が国と自治体の外国人政策の理念として提言するのは、外国人の文化の独自性を維持しつつ、政治的・経済的平等を可能にする「多文化主義的社会統合政策」である。その基本的な責務は国にあるものの、地方自治体が分担すべき重要課題として次の三点をあげる。①社会統合を実現するための「社会関係資本」(信頼、規範、ネットワークなどの社会的仕組み)の形成、②外国人の政治参加、③外国に背景を持つ人々に対する差別の禁止・人権擁護、である。

「いま思えば、九〇年代に日系人が急増し、目の前の課題に対処するため外国人集住都市会議を立ち上げたのですが、視野を広げて、オールドカマー問題も含めていくべき時期に来ています。重要なのは、日本社会を今後どのようにしていくかというグランドデザインについて議論を積み重ねていくことです」

過去・現在・未来の外国人総体を視野に入れたうえで、多文化共生の理念に基づく青写真を描き出さなければならないというのである。

## 6　多文化主義国家・カナダ

### ■目指すは「モザイク」

ごうごうとしぶきを上げるナイアガラの滝。雄大な山脈が連なるカナディアン・ロッキー。世界第二の広大な国土に豊かな大自然を抱えるカナダは、世界で初めて多文化主義国家の宣言を行った国である。

その多文化主義の実態を研究する目的で日朝合同研修旅行が企画され、私も参加したのは一九九七年のことだった。一行は国会議員や教育関係者など一八名。一三日間にわたり各地を訪れた私たちは、多文化主義が開花したさまを目の当たりにして強烈なカルチャーショックにとらわれた。

地方政府や各種機関に行けば、様々な民族の移民や女性が重要ポストについている。移民は永住権を取得すれば国民とほとんど権利の差がなく、無料の医療制度をはじめ各種社会保障制度を平等に受けられる。人種・民族差別が発生すれば、人権委員会が即時対応して和解を図り、解決しなければ裁判に持ち込む。人種差別に起因するヘイトクライム（憎悪犯罪）には処罰が加重される。

学校に行けば、様々な肌の色の子らが一緒に机を並べている。教育の目的は「一つの正しいこと」を教えるのではなく、社会には多様な考え方があることを学ぶ。英語の分からない子が入学すれば、特別なプログラムが用意され、教師が個別指導する。マイノリティーの子には「ヘリテージ言語」（母国語・継承語）学習が保障される。そのためオンタリオ州だけでも一二万人の児童生徒が七〇カ国の言語を学んでいた。外国人差別が常態化している日本の現状とあまりにも異なるカナダの制度に、私たち一行は目がくらむほどに驚いたものだった。

ブリティッシュ・コロンビア州の雇用対策・投資省副大臣のチャールズ・カン博士は、幼少時に日本で暮らし、帰国した後、カナダに移民したコリアンだった。彼は「カナダにも昔は先住民や外国人を差別した恥ずべき歴史があったし、いまでも問題が残っていますが、解消するためいろいろ努力を行っています。カナダの移民政策はアメリカと異なります。アメリカは外国から来た人にアメリカ人になってもらうという『るつぼ』の考え方ですが、カナダでは民族的アイデンティティを保持しながらカナダ社会に適合してもらおうという『モザイク』の考え方なんです」と語っていた。

## ■すべての「個人」は平等

明治大学教授の藤田直晴氏は二〇一〇年三月まで日本カナダ学会の会長をつとめた。同学会は一九七七年に「日本カナダ研究会」として発足、翌年に改称。約四〇〇人の会員が属している。藤田氏は七〇年代にカナダに留学した際、「日本と対照的な素晴らしい国と感じた」のがきっかけでカナダ研究に力を注ぎ、「多文化主義は世界の潮流になっていますが、人類の共生の空間をどのように作り上げていくか、そのモデルがカナダです」と確信するに至ったという。

現在、カナダは世界で最も多文化主義の理想に近い国といわれる。だが過去には長く厳しい人種差別の時代が続いてきた。

カナダには、一七世紀初頭からフランスとイギリスが植民地を建設したが、両国の抗争が激化し、一七五九年にイギリスが勝利した結果、フランス人はケベック州に囲い込まれたという歴史がある。そのためフランス系の人々の胸中には圧倒的多数派のイギリス系に対する根強い反感が刻み込まれた。

カナダ居住者は第一次世界大戦後、イギリスからの独立を求め、一九二六年に外交権を獲得した。三一年にはイギリスからの自治権も保障され、名目的にイギリス君主を元首とする立憲君主国家となった。

白人はホワイト・カナダの形成を理想とし、非ヨーロッパ系の移民を規制した。特に中国人や日本人には人頭税を課すなどの制限を加えた。第二次世界大戦時には日系人を「敵国人」と規定し、二万二〇〇〇人を一〇カ所の収容所に強制移動させた。戦後も人種差別政策は継続され、六〇年代までの移民の八〇%がヨーロッパ系だった。

しかし六〇年代に入り移民政策に変化が現れる。この時期、フランス系住民が八割を占めるケベック州では、イギリス系中心の国政に反発する運動が頻発した。特に六七年にドゴール仏大統領が来訪したのをきっかけに、カナダから分離して独立しようという運動が燃え広がった。

国家分裂の危機に直面するなか、トルドー首相は七一年、英語とフランス語を公用語とする「二言語の枠のなかでの多文化主義」を導入することを宣言した。その主要な目的はケベックの分離を引き止め国家の統一を維持することにあった。しかしひとたび動き始めた変革の波は、フランス系のみならずあらゆるエスニック集団の要求をも巻き込む巨大な渦となって全土に波及していった。七二年には多文化政策担当国務大臣が任命された。七七年には人種、出自、皮膚の色、宗教、性別による差別を禁止する人権法が制定された。八二年には新憲法が成立し、多文化主義と平等権が明文化された。

八八年、多文化主義法が制定された。同法には「カナダ憲法はすべての個人が法のもとに平等で、法の保護と恩恵を差別なく受ける権利があり、またすべての個人には良心、宗教、思想、信条、意見、表現、平和な集会、結社の自由があり、これらの権利と自由は、男女平等に保障されることを規定」していると明記された。具体的な政策には次のような項目がある。

- 多文化主義はカナダの遺産と本体の基本的性質であり、またこれがカナダの将来を形作るうえでかけがえのない資源になることを認め、その理解を推進する。

●人々の多様性を尊重し、また評価しつつも、すべての個人は法のもとでは平等の取り扱いと平等の保護を受けることを確認する。

●カナダの公用語の地位と使用を強化しながらも、英仏語以外の言語を保存し増進する。

すべての「国民」ではなく、「個人」に対して平等の権利を保障する。しかもマイノリティーの言語を「保存」するだけに留まらず、「増進」すると明記するなど、国策として多文化主義を全面的に発展させるというものだった。こうした法的裏付けによって、かつて存在した人種・民族差別がほぼ解消された。それればかりか、人権意識が社会に浸透する過程で、先住民、女性、身体障害者など「弱者」とされがちな人々の人権も高度に保障される国家へと変貌を遂げていったのである。バンクーバーで出会った、元在日朝鮮人で、カナダに魅せられて家族ぐるみで移住した文筆家が「この国には本当に民族差別がないよ」と言った言葉が心に残った。

とはいえ八〇年代後半から不況が進行すると、多文化主義政策は停滞期に入った。九三年に政権を獲得した自由党は移民政策の再編を行った。

二〇〇二年には従来の移民法に代わる「移民・難民保護法」が制定された。永住者資格の更新時に居住要件を設ける、カナダに社会的負担をもたらす家族移民の入国を制限する、などの措置が取られた。半面、移民が都市に集中するのを防ぐとともに、地域経済の活性化をはかるために、各州がそれぞれ必要とする移民を指名するというユニークな「州政府推薦移民プログラム」も導入された。紆余曲折はあるものの、大多数の国民は多文化主義を支持する。〇六年に保守党が政権の座について以後も多文化主義政策は継承され、移民と社会の双方の協力による「統合」政策が進められている。

現在、人口三一六二万人（〇六年国勢調査）のうち、英仏系と先住民以外の出自を持つ人は四〇％、民族数は二〇〇以上にのぼる。一五歳以上の約二五％がカナダ以外で生まれた移民一世であり、約二一％が複数の母国語を持つか、英仏語以外の母国語を話すことができる。こうした多様性は、グローバル市場が拡大するなかで、結果的に経済発展にも大きく貢献する財産となった。多文化主義は精神面だけでなく、実利面においても多大な効果をもたらしたのである。

経済面では、国内総生産において世界八位（〇六年）を占める。教育制度は州によって異なるが、多文化主義を推進する委員会が州ごとに設置され、多文化・多言語教育が行われる。児童生徒の学力は高く、国際学力調査では科学第三位、読解第四位、数学第七位（〇六年）という好成績をあげた。雇用保険、年金などの社会保障制度は充実しており、特に医療制度では一九八七年に無料医療が実現された。一方、外交面では対米関係を重要視しつつも、「対人地雷全面禁止条約」（一九九九年発効）の実現のために政府自ら主導的役割を果たし、イラク戦争には反対の立場を貫くなど、国際的にも重要な影響力を行使している。

国連開発計画（UNDP）は毎年、その国に住む人々の生活の豊かさを示す人間開発指数を発表しているが、カナダは最多の一〇回も世界一位にランキングされた。ちょうど私たちが訪問した年も含め、九四年から二〇〇〇年まで七年連続でトップとなり、その後、経済不況などでややランクを下げたが、〇九年には四位に入った。

## ■多様性のなかの統一

二〇一〇年のバンクーバー冬季オリンピックにおいてミカエル・ジャン総督が開会宣言

を行った。彼女が子どもの頃に、独裁政権下にあったハイチから難民として入国した黒人女性であることはカナダの先進性を象徴的に表しているといえるだろう。

同じ多民族国家のアメリカではかつて「人種のるつぼ」（メルティング・ポット）論がもてはやされた。世界中から来た移民はアメリカ社会という溶鉱炉のなかに入って混合・溶解され、新生アメリカ人として生まれ変わることができる、いかなる出自や過去を持つのかに関係なく平等なチャンスが与えられると信じられた。しかし実際は、るつぼに入る資格が与えられたのは白人だけだった。黒人やマイノリティーにとっては、るつぼ論は民族的アイデンティティを希薄化させ、白人社会に同化させるためのまやかし以外の何ものでもなかった。

一九五〇〜六〇年代の公民権運動のなかでるつぼ論の欺瞞性《ぎまんせい》が暴かれた後に現れてきたのが「サラダ・ボウル」論だった。サラダは、各種の野菜によって構成されながらも、トマトはトマト、バナナはバナナの原形を保ったままで器に盛られる。そのように人種・民族集団が独自の文化を保持しつつ、全体として調和の取れた社会を築いていくのが望ましいという理論である。

一方カナダでは、七〇年代以降、多文化主義を旗印に掲げた。「人種のモザイク」を目指し、「多様性のなかの統一」を国是とする。これはすべてのエスニック集団に平等な社会参与を認めながら「統合」することを意味し、決して同化を要求するものではない。

もちろんカナダの多文化主義は発展途上にあり、課題は山積している。前人未踏の道を開拓していかなければならないだけに、試行錯誤は避けられない。しかし目標とするビジョンに揺るぎはない。政府自ら先頭に立って、人種・民族間の格差の根絶、社会の統合に向かって邁進《まいしん》してきたため、一般市民の意識も変革され、高度に成熟した社会が形成されてきた。

藤田直晴氏は「もしカナダで共生が成功できなければ、地球上でどこもできないだろうと思います」とまで言い切る。その言葉には、カナダの多文化主義に対する信頼とともに、世界の将来像に対する希望と憂慮が込められているようである。

カナダの先進的な試みを垣間見た私は、改めて日本における外国人政策があまりにも時代錯誤的に思えてならなかった。たとえば在日韓国・朝鮮人のなかには日本に帰化すべきかどうかと苦悩する人が少なくない。が、その理由の大半は、自らの民族的アイデンティティを確立する環境に恵まれず、韓国・朝鮮人として生きることに重苦しい負担を感じてきたことにある。

しかしカナダでは、移民が生活上の不利益から逃れるためにカナダ国籍を求めたくなるような状況を残してはならないという発想に立つ。もちろんカナダを愛して国籍を求める人には緩やかな条件で許可を与えるが、国籍変更をしなくても永住権さえ取得すれば市民権とほぼ同等の権利を保障する。

カナダで会った日本人女性を思い出す。彼女は二五年間もカナダに住み、心からカナダを愛していたが、日本国籍を維持していた。なぜなら彼女にとって、日本人としてのアイデンティティを保持したままカナダで永住することに何の矛盾もないからである。彼女に、永住権と市民権の間にどのような権利の差があるのかと尋ねると、しばらく考えた末、「選挙権はありませんが、それ以外は思い当たりません」と答えた。

ただ選挙権に関しては、カナダが二重国籍を認めているのに対し、日本は認めていない点に留意する必要がある。もしカナダの永住権者が参政権を行使したくなれば、元の国籍を維持したまま市民権を取得することができる。但し、日本政府は日本人がカナダ市民権を取得すれば、「日本国籍喪失届」の提出を求める。そのため日本人の場合は、カナダか日本かの二者択一を迫られることになるのである。

そもそも国際化時代やグローバリゼーションといった概念は、世界中の国々に外国人が多数存在するということを前提としている。一方で国際化を口にしながら、他方で外国人を排撃したり、日本国籍を取得せざるを得ない状況に追い込んだりするのは自己矛盾というしかない。第一、現実問題として、今後ますます増加していく外国人をすべて帰化させることは不可能である。

私はかつて、在日韓国・朝鮮人の未来を考えれば、いずれ日本社会に同化する運命ではないかという疑問に対する明確な解答を持ち合わせていなかった。しかしカナダを訪問してまさに目からウロコが落ちた思いがした。

すべての人間をあるがままに認め合い、尊重し、等しく権利を保障する社会へと人類が向かっていくのは歴史の必然であって、他の道の選択の余地はない。あるのはただ、それが実現するまでの時間の差だけである。より高い次元のビジョンに向かって、日本もアジアも、ひいては世界が少しでも早く近づいていくことを私は夢見る。

# あとがき

二〇〇九年秋、アメリカ映画『正義のゆくえ　ＩＣＥ特別捜査官』が日本で上映された。主演はハリソン・フォード、脚本・監督は南アフリカ出身の新鋭ウェイン・クラマーである。「ＩＣＥ」とは移民・関税執行局のことであり、九・一一同時多発テロ事件以後にテロ対策を最大の目的として新設された。

映画には様々な立場の「不法移民」が登場する。縫製工場で働くメキシコ人、女優を目指すオーストラリア人、ギャングの犯罪に巻き込まれる韓国人、イスラム教徒のバングラデシュ人……。それぞれが置かれた境遇のために、普通の人間として生きたいという望みを踏みにじられていく。ハリソン・フォード演じるマックス捜査官は、彼らを摘発する立場にありながら、生の現場を直視するがゆえにジレンマに陥っていく。

「まえがき」でふれた『扉をたたく人』がオーバーステイ問題を移民の側から描いた作品であるのに対し、『正義のゆくえ』は取り締まる側から見た作品といえる。いずれもアメリカ社会の見えにくい人々に照明を当てた秀作である。

日本には二二二万人の外国人がいるにもかかわらず、外国人をテーマにした映画やドラマが少数にとどまっているのは、いまだに彼らの存在が可視化されていないからだろうか。だが映画の登場人物たちと大同小異の境遇の人々は私たちの身の回りに無数に存在する。

本書は、在日外国人のオールドカマーとニューカマーが日常的に体験している諸問題を包括的に取り上げたものである。執筆過程を通じて、私は改めて在日外国人の肖像がこの十余年間に目まぐるしく変化してきたことを認識した。

ところで、在日外国人を取り巻く環境は恵まれているとはいいがたいが、かといって外国人がみな萎縮《いしゅく》して生活しているわけではない。むしろ多数の人々は環境が厳しいからこそ互いに助け合ってたくましく生きている。

私は一九九九年に毎日新聞の「ひょうご随想」欄に寄稿を始めて以来、同紙に隔週で長期連載ルポを書き続けてきた。二〇〇〇年からは「異郷暮らし（タヒャンサリ）」と題して、各界で活躍する在日韓国人を、〇四年からは「異郷の人間味《ひとみ》」とタイトルを変更し、在日外国人を取材した。〇八年一〇月以後は、「地球村に架ける橋」というタイトルのもとに、国際交流活動を行っている団体・個人のルポを継続している。本書では新たに取材した内容を基本にしつつ、一部毎日新聞に掲載した内容も含めた。

新聞紙上では、外国人問題というより、各分野で活躍している人々を紹介することに重点を置いてきた。外国人といえばとかくマイナーなイメージばかりが先行する傾向があるため、逆に、多くの外国人が日本社会で大切なポジションを占めていることを伝えたいと思ったからである。取材過程ではいつも大きな感動やカルチャーショックを受けるが、なかでも強く印象に残った人々がいる。
●李鳳宇《リボンウ》――在日朝鮮人。八九年に映画配給会社シネカノンを設立。九三年に在日二世の崔洋一監督とともに製作した『月はどっちに出ている』が大ヒット。その後、『シュリ』『友へ　チング』などの韓国映画を次々とヒットさせ韓流ブームの先駆けとなった。〇五年に製作した『パッチギ！』は『キネマ旬報』ベストテン一位に選出された。
●エリザベス・オリバー――イギリス出身。六五年に来日後、大学常勤講師になったが、道端に捨てられたペットの命を守るため、九〇年に私設動物救援組織「ＡＲＫ《アーク》」を設立。一〇〇〇坪の土地にシェルターを造り、五〇〇〇匹以上の犬、猫、ウサギなどを飼育する。

●トーマス・C・カンサ――南アフリカ共和国出身。アパルトヘイト時代に一二歳で反政府運動闘士になり、逮捕された後、七九年にイギリスに亡命。八四年に来日後、「ヒランガニ・ンゴタンド」を結成し、放置された車椅子を修理して母国に送る活動を開始。総数は四〇〇〇台に上る。九九年度シチズン・オブ・ザ・イヤー賞受賞。

●サフィア・ミニー――インド系イギリス人。九〇年来日。開発途上国の労働者に公正な賃金を支払い適正な価格による商取引を行う「フェアトレード」（公正貿易）の会社、フェアトレードカンパニー株式会社を設立。生産者パートナーはアジア・アフリカ・南米二〇カ国七〇団体。〇四年にスイスの「社会起業家のためのシュワブ財団」から「世界で最も傑出した社会起業家」の一人に選出された。

●ヒュー・ブラウン――アイルランド生まれのイギリス人。一五歳でIRA（アイルランド共和軍）と敵対するテロリスト集団の一員となり、何度も死に直面。一八歳のときに逮捕されたが、出所後、クリスチャンになり、八五年に来日後、兵庫県の教会牧師、神戸刑務所教誨師《きようかいし》として布教活動に従事している。

外国人のなかには、同じ民族同士、あるいは日本人と共同で活発な活動を展開している人々が多数いる。お互いのアイデンティティを尊重しつつ、国籍や民族や肌の色の違いを超えて協力し合う姿には新鮮な感動を覚える。本書では紙幅の都合上、彼らの生気あふれる生き様にあまり触れることができなかったが、すぐ隣にいる外国人にぜひ関心を持っていただきたいものである。

祖国を離れ、地縁、血縁も少ない環境に住む外国人は、最も平和・平等・共生を求める人々である。決して日本人以上の特権を要求するのではない。が、かといって、不当な差別や偏見を甘受するものでもない。歪んだ法や制度が押しつけられれば窒息せざるを得ない。少なくとも国際的な人権基準に準じた処遇は保障されなければならない。

法のもとに人間がいるのではなく、人間のもとに法があるべきだろう。あらゆる人々が人間らしい生活を享受することができるように法や制度が改善されていくのかどうか、この国の「正義のゆくえ」を注視し続けたい。

世界の一体化へと進む潮流は日増しに加速している。好むと好まざるとにかかわらず、日本社会も諸外国と同様の多民族多文化社会へと進んでいく。世界の潮流に乗り遅れるようなシステムは早々に改革されなければならない。多彩なアイデンティティを持つ外国人の存在は日本社会にとっても財産である。外国人と日本人が手をたずさえて、豊かな共生社会の創造に向かっていくことを願ってやまない。そのために本書がささやかな参考書になれば幸いである。

末尾になったが、取材過程でご協力いただいた多数の方々、および本書の出版に際して貴重なアドバイスと多大なご尽力をいただいた集英社新書編集部の落合勝人氏と渡辺千弘氏に心からお礼を申し上げます。

二〇一〇年六月

髙賛侑

# 主要参考文献

『マイノリティと多民族社会』丹羽雅雄、解放出版社、二〇〇三年
『自治体格差が国を滅ぼす』田村秀、集英社新書、二〇〇七年
『朝鮮総聯50年』呉圭祥、綜合企画舎ウイル、二〇〇五年
『在日一世の記憶』小熊英二・姜尚中編、集英社新書、二〇〇八年
『日本華僑・留学生運動史』日本華僑華人研究会編著、日本僑報社、二〇〇四年
『新華僑　老華僑』譚璐美・劉傑、文春新書、二〇〇八年
『越境する雇用システムと外国人労働者』丹野清人、東京大学出版会、二〇〇七年
『講座　グローバル化する日本と移民問題』全六巻、駒井洋監修、明石書店、二〇〇二〜〇四年
『外国人労働者新時代』井口泰、ちくま新書、二〇〇一年
『外国人・民族的マイノリティ人権白書』外国人人権法連絡会編、明石書店、二〇〇七年
『日本の民族差別　人種差別撤廃条約からみた課題』岡本雅享監修・編著、明石書店、二〇〇五年
『在留特別許可と日本の移民政策』渡戸一郎・鈴木江理子・ＡＰＦＳ編著、明石書店、二〇〇七年
『在日「外国人」読本』佐藤文明、緑風出版、二〇〇九年
『エルクラノはなぜ殺されたのか』西野瑠美子、明石書店、一九九九年
『外国人研修生　時給３００円の労働者――壊れる人権と労働基準』外国人研修生問題ネットワーク編、明石書店、二〇〇六年

『笑顔を取り戻した女たち　マイノリティー女性たちのＤＶ被害――在日外国人・部落・障害』（社）東京自治研究センター・ＤＶ研究会編、パド・ウィメンズ・オフィス、二〇〇七年
『ドメスティック・バイオレンスと人身売買』移住連「女性への暴力」プロジェクト編、移住労働者と連帯する全国ネットワーク、二〇〇四年
『多文化共生社会と外国人コミュニティの力』吉富志津代、現代人文社、二〇〇八年
『日本の中の外国人学校』月刊『イオ』編集部編、明石書店、二〇〇六年
『外国人学校』朴三石、中公新書、二〇〇八年
『この子らに民族の心を』朴正恵、新幹社、二〇〇八年
『黒人差別とアメリカ公民権運動――名もなき人々の戦いの記録』ジェームス・Ｍ・バーダマン、集英社新書、二〇〇七年
『オーストラリア多文化主義の軌跡』吉浜精一郎、ナカニシヤ出版、二〇〇一年
『はじめて出会うカナダ』日本カナダ学会編、有斐閣、二〇〇九年
『アメリカ・コリアタウン』高賛侑、社会評論社、一九九三年
『国際化時代の民族教育』高賛侑、東方出版、一九九六年
『異郷の人間味《ひとみ》』高賛侑、東方出版、二〇〇六年
『コリアタウンに生きる――洪呂杓ライフヒストリー』高賛侑、エンタイトル出版、二〇〇七年

**高賛侑**（コウ チャニュウ）

一九四七年生まれ。朝鮮大学校政治経済学部卒業。朝鮮関係月刊誌「ミレ（未来）」編集長を経て、ノンフィクション作家に。国際高麗学会会員。専門は在日を含む在外朝鮮民族問題。九九年、『旧ソ連に生きる朝鮮民族』で部落解放文学賞（記録文学部門）受賞。著書に『アメリカ・コリアタウン』『国際化時代の民族教育』『異郷暮らし』『異郷の人間味《ひとみ》』『ルポルタージュ 在日&在外コリアン』ほか。訳書に『カレイスキー・旧ソ連の高麗人』ほか。

集英社新書〇五五五B

# ルポ　在《ざい》日《にち》外《がい》国《こく》人《じん》

二〇一〇年八月二二日　第一刷発行

著者……………高賛侑《コウチャニュウ》

発行者…………館　孝太郎

発行所…………株式会社集英社

東京都千代田区一ツ橋二-五-一〇　郵便番号一〇一-八〇五〇

電話　〇三-三二三〇-六三九一（編集部）

〇三-三二三〇-六三九三（販売部）

〇三-三二三〇-六〇八〇（読者係）

装幀……………原　研哉

印刷所…………凸版印刷株式会社

製本所…………加藤製本株式会社

定価はカバーに表示してあります。



ISBN 978-4-08-720555-8 C0236

## 社会――B

a pilot of wisdom

| | |
|---|---|
| 銀行 儲かってます！ | 荒 和雄 |
| プロ交渉人 | 諸星 裕 |
| 自治体格差が国を滅ぼす | 田村 秀 |
| フリーペーパーの衝撃 | 稲垣太郎 |
| 新・都市論TOKYO | 隈 研吾<br>清野由美 |
| 「バカ上司」その傾向と対策 | 古川裕倫 |
| 日本の刑罰は重いか軽いか | 王 雲海 |
| 里山ビジネス | 玉村豊男 |
| フィンランド 豊かさのメソッド | 堀内都喜子 |
| B級グルメが地方を救う | 田村 秀 |
| ファッションの二十世紀 | 横田一敏 |
| 大槻教授の最終抗議 | 大槻義彦 |
| 野菜が壊れる | 新留勝行 |
| 「裏声」のエロス | 高牧 康 |
| 悪党の金言 | 足立倫行 |
| 新聞・TVが消える日 | 猪熊建夫 |
| 銃に恋して | 半沢隆実 |
| 代理出産 | 大野和基 |
| マルクスの逆襲 | 三田誠広 |
| ルポ 米国発ブログ革命 | 池尾伸一 |
| 今日よりよい明日はない | 玉村豊男 |
| 日本の「世界商品」力 | 嶌 信彦 |
| 公平・無料・国営を貫く英国の医療改革 | 武内和久<br>竹之下泰志 |
| 日本の女帝の物語 | 橋本 治 |
| 食料自給率100％を目ざさない国に未来はない | 島﨑治道 |
| 自由の壁 | 鈴木貞美 |
| 若き友人たちへ | 筑紫哲也 |
| 他人と暮らす若者たち | 久保田裕之 |
| 男はなぜ化粧をしたがるのか | 前田和男 |
| オーガニック革命 | 高城 剛 |
| 主婦パート 最大の非正規雇用 | 本田一成 |
| グーグルに異議あり！ | 明石昇二郎 |
| モードとエロスと資本 | 中野香織 |
| 子どものケータイ―危険な解放区 | 下田博次 |

# 集英社新書　好評既刊

## 歴史・地理――D

女性はどう学んできたか　杉本苑子
マッカーサー元帥と昭和天皇　榊原夏
「日出づる処の天子」は謀略か　黒岩重吾
日本人の魂の原郷　沖縄久高島　比嘉康雄
沖縄の旅・アブチラガマと轟《とどろき》の壕　石原昌家
鬼と鹿と宮沢賢治　門屋光昭
飢饉　菊池勇夫
アメリカのユダヤ人迫害史　佐藤唯行
出島　片桐一男
知られざる大隈重信　木村時夫
怪傑！　大久保彦左衛門　百瀬明治
伊予小松藩会所日記　増川宏一
ナポレオンを創った女たち　安達正勝
富士山宝永大爆発　永原慶二
アフリカの「小さな国」　大林公子
フランス生まれ　早川雅水
お産の歴史　杉立義一
中国の花物語　飯倉照平
寺田寅彦は忘れた頃にやって来る　松本哉
中欧・墓標をめぐる旅　平田達治
妖怪と怨霊の日本史　田中聡
陰陽師　荒俣宏
江戸の色ごと仕置帳　丹野顯
花をたずねて吉野山　鳥越皓之
ヒロシマ――壁に残された伝言　井上恭介
幽霊《ゴースト》のいる英国史　石原孝哉
悪魔の発明と大衆操作　原克
戦時下日本のドイツ人たち　上田浩二／荒井訓
英仏百年戦争　佐藤賢一
死刑執行人サンソン　安達正勝
信長と十字架　立花京子
戦国の山城《やまじろ》をゆく　安部龍太郎
パレスチナ紛争史　横田勇人

a pilot of wisdom

ヒエログリフを愉しむ　近藤二郎
ローマの泉の物語　竹山博英
女性天皇　瀧浪貞子
僕の叔父さん　網野善彦　中沢新一
太平洋――開かれた海の歴史　増田義郎
アマゾン河の食物誌　醍醐麻沙夫
フランス反骨変人列伝　安達正勝
ハンセン病　重監房の記録　宮坂道夫
幕臣たちと技術立国　佐々木譲
武田信玄の古戦場をゆく　安部龍太郎
巷談　中国近代英傑列伝　陳舜臣
勘定奉行　荻原重秀の生涯　村井淳志
世界中を「南極」にしよう　柴田鉄治
江戸の妖怪事件簿　田中聡
紳士の国のインテリジェンス　川成洋
沖縄を撃つ！　花村萬月
反米大陸　伊藤千尋

ハプスブルク帝国の情報メディア革命　菊池良生
大名屋敷の謎　安藤優一郎
イタリア貴族養成講座　彌勒忠史
陸海軍戦史に学ぶ　負ける組織と日本人　藤井非三四
在日一世の記憶　小熊英二　姜尚中　編
徳川家康の詰め将棋　大坂城包囲網　安部龍太郎
「三国志」漢詩紀行　八木章好
名士の系譜　日本養子伝　新井えり

**モードとエロスと資本**
中野香織　0543-B
時代の映し鏡であるモード、ファッションを通して、劇的な変化を遂げる社会をリアルにつかむ一冊。

**現代アートを買おう！**
宮津大輔　0544-F
サラリーマンでありながら日本を代表するコレクターのひとりである著者が語る、現代アートの買い方とは。

**肺が危ない！**
生島壮一郎　0545-I
COPDを始めとする、喫煙の知られざる怖さとは？　呼吸の仕組みや肺の働きも詳しく解説。

**ウツになりたいという病**
植木理恵　0546-I
臨床の場で急増する新しいウツ症状。投薬といった従来の治療が効かない症状の実態を分析。処方箋を示す。

**不幸になる生き方**
勝間和代　0547-C
不幸になる生き方のパターンを知り、それを回避せよ。幸せを呼び込む習慣の実践を説く、幸福の技術指南書。

**小説家という職業**
森　博嗣　0548-F
小説を書き、創作をビジネスとして成立させるには何が必要なのか？　人気作家が実体験を通して論じる。

**生きるチカラ**
植島啓司　0549-C
生きるのに正しいも間違いもない――。世界の聖地を調査してきた宗教人類学者が説く、幸せに生きる方法。

**カンバッジが語るアメリカ大統領〈ヴィジュアル版〉**
志野靖史　019-V
アメリカの政治や社会を映し出す〝小さな証言者〟であるカンバッジ。歴史や権力の変遷を実感できる一冊。

**子どものケータイ――危険な解放区**
下田博次　0551-B
いつでも誰とでも繋がれるケータイの利便性が、少年犯罪をより深刻化させている。解決策を緊急提言。

**二酸化炭素温暖化説の崩壊**
広瀬　隆　0552-A
二〇〇九年、二酸化炭素温暖化説の論拠となっていたデータの捏造が発覚した。真の原因を科学的に考察。